ZS

1. Auflage 2006
ISBN 3-89883-132-9

Rezeptfotos	Susie Eising
Foodstyling	Monika Schuster
Umschlag und Porträts	Dr. Kai-Uwe Nielsen, Florian Bolk (siehe Bildnachweis)
Grafische Gestaltung	Georg Feigl, Barbara Markwitz
Redaktion	Edelgard Prinz-Korte
Herstellung	Karin Mayer, Peter Karg-Cordes
Lithografie	Christine Rühmer
Druck und Bindung	Mohn Media · Mohndruck GmbH, Gütersloh

In Zusammenarbeit mit dem Bayerischen Fernsehen und der TR-Verlagsunion GmbH, München

Besuchen Sie uns auch im Internet unter den Adressen www.zsverlag.de und www.alexander-herrmann.de

Koch doch.[2]

mit Alexander Herrmann

ZABERT SANDMANN

Knoblauchsland
Großmarkt Nürnberg

Die Kultur des Kochens

Kochen ist für mich in erster Linie Kultur und die Möglichkeit, Menschen nachhaltig zu begeistern, glückliche Momente kulinarisch zu begleiten und Spaß sowie Lebensfreude zu vermitteln. Deshalb möchte ich auch nicht nur die jüngere Generation mit meinen Rezepten ansprechen. Modische Gerichte, die auf Effekthascherei angelegt sind, gibt es bei mir nicht. Ebenso wenig will ich nur für die Hobbyköche kochen, die schon viel Erfahrung mitbringen. Die meisten meiner Rezepte sind so konzipiert, dass man ohne weiteres alle aus der Familie, ob jung oder alt, an einen Tisch locken kann. Meine Rezeptauswahl ist eine Mischung aus guten alten Klassikern, die dem Trend der Zeit mit Fingerspitzengefühl angepasst wurden, sowie beliebten mediterranen Kreationen, die Emotionen wecken. Mit meiner Devise »Mit Pasta kriegst du jeden!« habe ich fast immer Erfolg.

Als Koch mit Anspruch ist es bei der Rezeptauswahl meist schwierig, das vermeintlich Komplizierte so auszuschließen, dass Qualität und Authentizität eines Gerichts nicht leiden. Wie entstehen die Rezepte? Ich bin in unserem Familienbetrieb in Wirsberg das ganze Jahr im Kücheneinsatz. Und damit natürlich ganz nah dran am kulinarischen Puls der Zeit und dem Geschmacksempfinden der Gäste. Die Rezeptentwicklung ist eigentlich ganz einfach. Um in der Küchensprache zu bleiben: Man nehme ein Gourmetrezept, gieße es durch ein Sieb und der Feinstaub der Top-Gastronomie rieselt heraus. Übrig bleibt ein aromatisch und inhaltlich ausgewogenes Gericht ohne die Attitüde der gehobenen Feinschmeckerküche. Meine Rezepte sollen so sein, dass sie für jeden mühelos nachzukochen sind und höchsten geschmacklichen Ansprüchen genügen.

Kochen war und ist für mich Lebensqualität, die ich immer wieder neu entdecke und zu schätzen weiß. Kochen ist ein Kulturgut, das es zu pflegen gilt, und dazu möchte ich gern mit diesem Buch beitragen. Die Lust am Kochen zu wecken ist zu meinem Lebensprinzip geworden. Deshalb heißt das Motto auch diesmal wieder: Koch doch!

Natürlich würde ich mich auch sehr freuen, Sie in meinem Restaurant oder zu einem Kochkurs begrüßen zu können. Für Informationen und Reservierungen kontaktieren Sie einfach das Herrmann's Romantik Posthotel, Marktplatz 11, 95339 Wirsberg (www.herrmanns-posthotel.de).

Ihr

Alexander Herrmann

Koch doch.

Kalte Vorspeisen

Deutsche
Gloster Äpfel
Dt.
Gravensteiner

Radicchio-Eisberg-Salat
mit Buttermilchdressing

Zutaten für 4 Personen

1 großer Kopf Radicchio
1 großer Kopf Eisbergsalat
300 ml Buttermilch
Saft von 1/2 Zitrone
1 Schuss Olivenöl
Salz · Pfeffer aus der Mühle
6 Dillstiele

Von den Salatköpfen die äußeren Blätter entfernen. Die Salatköpfe schräg in Stücke schneiden und den Strunk entfernen. Den Salat waschen und gut abtropfen lassen.

▼

Eisbergsalat und Radicchio abwechselnd in eine Glasschüssel verteilen.

▼

Buttermilch, Zitronensaft, etwas Olivenöl sowie Salz und Pfeffer mit dem Pürierstab schaumig mixen. Den Dill waschen, trockenschütteln, fein hacken und unterrühren. Das Dressing zum Salat geben, vermischen und anrichten.

Tipp

Der Salat passt gut zu gegrillten Steaks oder den Schnitzelspießen von Seite 83.

Paprika-Himbeer-Salat
mit Entenbrust

Zutaten für 2 Personen

2 rote Paprikaschoten
3 EL Olivenöl
1/2 Bund Rucola
60 g frische Himbeeren
1 EL Aceto balsamico (12 Jahre alt)
Meersalz · Pfeffer aus der Mühle
180 g dünn geschnittene geräucherte Entenbrust

Die Paprikaschoten vierteln, entkernen und falls nötig waschen. Mit der Hautseite nach oben auf ein Backblech legen und mit 1 EL Olivenöl bestreichen. Unter dem Backofengrill garen, bis die Haut dunkle Blasen wirft. Herausnehmen, etwas abkühlen lassen, die Haut abziehen und das Paprikafleisch in feine Streifen schneiden. Auf eine Platte oder zwei Teller verteilen.

▼

Den Rucola waschen, die harten Stiele großzügig abschneiden und den Rucola trockenschütteln. Auf den Paprika verteilen. Die Himbeeren verlesen, vorsichtig waschen und abtropfen lassen.

▼

Den Aceto balsamico mit dem restlichen Olivenöl, etwas Meersalz und Pfeffer verrühren und über Paprika und Rucola träufeln. Die Himbeeren dazugeben und den Salat mit der Entenbrust dünn belegen.

Eichblattsalat

mit Orangen-Senf-Dressing

Zutaten für 2 Personen

2 Orangen
1 EL Senf
2 EL Weißweinessig
Salz · Pfeffer aus der Mühle
80 ml Sonnenblumenöl
1 Kopf Eichblattsalat
120 g Kürbiskerne
1 TL Kürbiskernöl
2 EL Schmand

Die Orangen mit einem Messer so schälen, dass die weiße Haut mit entfernt wird. Die Filets herausschneiden und den Saft dabei auffangen. Das restliche Fruchtfleisch gut ausdrücken und den Saft mit Senf, Weißweinessig, Salz und Pfeffer verrühren. Das Sonnenblumenöl mit dem Pürierstab cremig unter das Dressing mixen.

▼

Den Eichblattsalat putzen, d. h., die äußeren Blätter entfernen, den Salat halbieren, den Strunk herausschneiden und die Blätter abzupfen. Waschen, trockenschütteln und auf zwei Teller verteilen.

▼

Den Backofen auf 180 °C (Umluft) vorheizen. Die Kürbiskerne auf einem kleinen Blech oder in einer kleinen Pfanne im Ofen etwa 10 Minuten rösten und leicht salzen. Das Orangen-Senf-Dressing über den Eichblattsalat träufeln, die Orangenfilets dazulegen, die gerösteten Kürbiskerne darüber streuen und mit dem Kürbiskernöl beträufeln. Den Schmand mit Salz und reichlich Pfeffer verrühren und ebenfalls über den Salat träufeln.

Mariniertes Forellenfilet

auf Rote-Bete-Salat

Zutaten für 2 Personen

3 rote Zwiebeln · 30 g Speck
3 EL Sonnenblumenöl
150 ml Gemüsebrühe
2 EL Weißweinessig
Salz · Pfeffer aus der Mühle
$^1/_2$ Bund Dill
2 Forellenfilets (à 120 g; ohne Haut und Gräten)
1 kleine Rote Bete
1 EL Haselnussöl
3 EL Sonnenblumenkerne

Die Zwiebeln schälen, halbieren und in sehr feine Streifen schneiden. Den Speck in feine Würfel schneiden. Beides im Sonnenblumenöl glasig andünsten, mit Gemüsebrühe und Weißweinessig ablöschen, mit Salz und etwas Pfeffer würzen. Abkühlen lassen.

▼

Den Dill waschen, trockenschütteln, die Spitzen abzupfen, fein hacken und in den Zwiebelfond geben. Die Forellenfilets in eine Auflaufform legen und mit dem Sud begießen. Zugedeckt 1 Stunde marinieren.

▼

Die Rote Bete schälen, in hauchdünne Scheiben schneiden, mit kaltem Wasser abspülen und abtropfen lassen. Rote Bete leicht salzen und mit dem Haselnussöl beträufeln. Mit den Fingern vorsichtig verrühren. Auf eine große Platte verteilen.

▼

Den Backofen auf 160 °C (Umluft) vorheizen. Die Sonnenblumenkerne auf einem Blech 12 Minuten rösten. Die Forellenfilets aus dem Sud nehmen, in feine Streifen schneiden und auf die Rote Bete legen. Mit dem Sud begießen und mit den Sonnenblumenkernen bestreuen.

Spinatsalat mit Riesengarnelen

und Grapefruitmayonnaise

Zutaten für 2 Personen

10 Riesengarnelen (Seawater-Qualität; 8/12er-Größe)
Salz · Pfeffer aus der Mühle
2 EL Sonnenblumenöl
3 Knoblauchzehen
2 Scheiben geschälter Ingwer
1 TL Currypulver
200 ml Gemüsebrühe
2 Tomaten
1/2 Bund Koriander
250 g junger Spinat
1 rosa Grapefruit
2 Eigelb
220 ml Sonnenblumenöl

Die Riesengarnelen schälen, waschen, trockentupfen und mit Salz und Pfeffer würzen. Von beiden Seiten in 1 EL Sonnenblumenöl anbraten. Aus der Pfanne nehmen und in ein tiefes Gefäß legen.

▼

Die Knoblauchzehen schälen und in sehr feine Scheiben schneiden. Knoblauch und Ingwer in der Pfanne in 1 EL Sonnenblumenöl leicht andünsten, den Curry dazugeben, kurz mit anschwitzen und mit der Gemüsebrühe ablöschen.

▼

Die Tomaten waschen, vierteln, entkernen und das Fruchtfleisch in feine Würfel schneiden. Koriander waschen, trockenschütteln und fein hacken. Tomaten und Koriander zum Currysud geben, einmal aufkochen lassen und den Sud über die Riesengarnelen verteilen. Zugedeckt mehrere Stunden im Kühlschrank marinieren.

Den Spinat putzen, d. h., die Stiele entfernen, die Blätter waschen, trockenschütteln und auf einer großen Platte oder zwei Tellern verteilen.

▼

Die Grapefruit mit einem Messer so schälen, dass die weiße Haut mit entfernt wird. Die Fruchtfilets herausschneiden, den Saft dabei auffangen und das übrige Fruchtfleisch gut auspressen. Den Saft mit Eigelben und 1 Prise Salz verrühren. Mit dem Pürierstab mixen und dabei langsam das Sonnenblumenöl hineinlaufen lassen. So lange mixen, bis die Konsistenz einer Mayonnaise erreicht ist.

▼

Die Riesengarnelen mit dem Sud auf den Spinat verteilen und mit der Grapefruitmayonnaise beträufeln.

Tipp

Damit die Mayonnaise gelingt, sollten alle dafür benötigten Zutaten Zimmertemperatur haben.

Wildschinken

mit Friséesalat und Melonenmarinade

Zutaten für 2 Personen

1 Kopf hellgrüner Friséesalat
50 g Pinienkerne
1 EL Olivenöl
1/2 orangefleischige Melone (z. B. Charentais)
1 EL Weißweinessig
2 EL Olivenöl
Pfeffer aus der Mühle
120 g Wildschinken (von Reh oder Wildschwein)

Den Friséesalat putzen, d. h., die feinen gelben Blätter – das Herz – herauszupfen, kurz in lauwarmes Wasser legen, damit die Bitterstoffe herausgezogen werden, und in eiskaltem Wasser abschrecken. Den Salat trockenschleudern und auf zwei Teller verteilen.

▼

Die Pinienkerne in einer Pfanne im Olivenöl langsam unter mehrmaligem Rühren von allen Seiten goldbraun rösten. In ein Sieb abgießen und das Olivenöl dabei auffangen.

▼

Die Melone schälen, entkernen und 8 hauchdünne Scheiben herunterschneiden. Die restliche Melone klein schneiden und mit dem Weißweinessig, dem Olivenöl sowie dem aufgefangenen Pinienkern-Olivenöl in einem Mixer bzw. in einem hohen Gefäß mit dem Pürierstab fein pürieren. Mit Pfeffer abschmecken.

▼

Den Wildschinken sowie die Melonenscheiben dekorativ um den Friséesalat legen, mit der Melonenmarinade beträufeln und mit den Pinienkernen bestreuen.

Tomatenkaltschale

mit Schwarzwälder Schinken

Zutaten für 2 Personen

4 reife Strauchtomaten
1 Orange
2 Basilikumstiele
1/2 Knoblauchzehe
2 EL Olivenöl
1 Spritzer Weißweinessig
Salz · Pfeffer aus der Mühle
5 Scheiben Schwarzwälder Schinken
(hauchdünn geschnitten)

Die Strauchtomaten waschen, den Stielansatz herausschneiden und die Tomaten grob zerkleinern. Die Orange mit einem Messer schälen und grob klein schneiden. Alles in einen Mixbecher geben.

▼

Basilikum waschen, trockenschütteln und die Blätter abzupfen. Einige Blätter für die Deko beiseite legen. Knoblauchzehe schälen. Basilikum, Knoblauch, Olivenöl, Weißweinessig, Salz und Pfeffer in den Mixbecher geben und alles fein mixen. Durch ein feines Sieb streichen, falls nötig mit Salz und Pfeffer erneut abschmecken. In dekorative Gläser füllen und mit Basilikumblättern garnieren.

▼

Den Schwarzwälder Schinken in dünne Streifen schneiden und auf die cremige Kaltschale legen.

Mozzarella

mit Paprika und Fenchelsalami

Zutaten für 2 Personen

je 1 rote und gelbe Paprikaschote
Olivenöl
2 Schalotten · 1 Knoblauchzehe
10 schwarze Oliven (ohne Stein)
1 TL Paprikapulver
3 Thymianzweige
Meersalz
2 Kugeln Büffelmozzarella (à 125 g)
Pfeffer aus der Mühle
100 g hauchdünn geschnittene Fenchelsalami

Die Paprika vierteln, entkernen, waschen und mit der Hautseite nach oben auf ein Backblech legen, mit Olivenöl bestreichen und unter dem Backofengrill so lange garen, bis die Haut dunkle Blasen wirft. Die Haut abziehen und das Paprikafleisch in 1/2 cm große Würfel schneiden.

▼

In der Zwischenzeit die Schalotten schälen, in feine Würfel schneiden, in etwas Olivenöl in einer Pfanne andünsten. Die angedrückte Knoblauchzehe, Oliven und das Paprikapulver hinzufügen und ziehen lassen.

▼

Die Paprikawürfel dazugeben und mit so viel Olivenöl aufgießen, dass alles gerade bedeckt ist. Thymian waschen, trockenschütteln und hinzufügen. Alles auf 70 °C erwärmen und mehrere Stunden ziehen lassen. Durch ein Sieb gießen, Thymianzweige sowie Knoblauchzehe entfernen, Paprika mit etwas Meersalz bestreuen. Mozzarella in grobe Würfel zerteilen, auf eine Platte legen und mit Meersalz sowie schwarzem Pfeffer würzen. Die Salamischeiben dekorativ darauf anrichten und mit Paprika und den Oliven belegen.

Ochsenbrust

mit Linsen-Apfel-Marinade

Zutaten für 2 Personen

200 g gekochte, entfettete Ochsenbrust (vom Metzger)
1 TL Sahnemeerrettich
100 ml Apfelsaft
200 ml Gemüsebrühe
4 EL gekochte Linsen
1 Schuss Obstessig
1 TL Senf
100 ml Sonnenblumenöl
1 Apfel
1 Stück frischer Meerrettich
etwas Gartenkresse

Die Ochsenbrust mit einem scharfen Messer oder der Aufschnittmaschine in hauchdünne Scheiben schneiden. Eine große Platte oder 2 große Teller mit dem Sahnemeerrettich dünn bestreichen. Die Ochsenbrust leicht überlappend wie ein Carpaccio darauf anrichten. Die Teller bzw. Platte im Ofen bei 60 °C etwa 6 Minuten erwärmen.

▼

In der Zwischenzeit den Apfelsaft mit der Gemüsebrühe aufkochen, die gekochten Linsen dazugeben, vom Herd nehmen, den Obstessig sowie den Senf unterrühren und das Sonnenblumenöl unterschlagen. Die Masse sollte leicht cremig sein. Den Apfel waschen, entkernen und in hauchdünne Spalten schneiden.

▼

Die Apfelscheiben sternförmig auf die Ochsenbrust legen und die lauwarme Linsen-Apfel-Marinade darüber träufeln. Mit frisch geriebenem Meerrettich garnieren und mit der Gartenkresse bestreuen.

Gewürzte Hähnchenbrust

mit Safranmandarinen und Chicorée

Zutaten für 6 Personen

6 Hähnchenbrüste (von freilaufendem Geflügel)
Salz · Pfeffer aus der Mühle
1 EL Butterschmalz
1 Bund frischer Koriander
1 Packung Lebkuchengewürz
6 Mandarinen
2 Schalotten
1 EL Butter
1 Msp. Safran (am besten Safranfäden)
eingelegter Chicorée (Rezept siehe Seite 100)
1 Hand voll Feldsalat
1 TL Weißweinessig
1 EL Nussöl

Den Backofen auf 110 °C (Umluft) vorheizen. Von den Hähnchenbrüsten die Haut entfernen. Mit Salz und Pfeffer würzen und in einer Pfanne im Butterschmalz von allen Seiten anbraten. Die Hähnchenbrüste in die Mitte des Ofens auf ein Gitter legen und etwa 18 Minuten fertig garen. Den Koriander waschen, trockenschütteln, die Blätter abzupfen und hacken. Die Hähnchenbrüste noch warm mit dem Lebkuchengewürz sowie dem Koriander von allen Seiten bestreuen.

▼

Die Mandarinen mit einem Messer so schälen, dass die weiße Haut mit entfernt wird. Die Filets herausschneiden, den Saft dabei auffangen und den Saft aus den Schalen ebenfalls auspressen. Die Schalotten schälen und in feine Würfel schneiden. In der Butter glasig dünsten, den Safran dazugeben, mit Mandarinensaft ablöschen, aufkochen, auf Zimmertemperatur abkühlen lassen und die Mandarinen dazugeben.

Zum Anrichten den Chicorée (er sollte Zimmertemperatur haben) aus dem Sud nehmen, der Länge nach halbieren, den Strunk herausschneiden und den Chicorée auf Küchenpapier gut abtropfen lassen. Durch leichtes Andrücken die Spitzen etwas auffächern. In die Mitte der Teller legen. Die Hähnchenbrüste in dünne Scheiben schneiden, zusammen mit den Safranmandarinen dekorativ auf die Teller legen und mit dem Safranmandarinen-Sud beträufeln.

▼

Den Feldsalat putzen, waschen, trockenschleudern und mit Essig und Öl sowie 1 Prise Salz marinieren. Die Hähnchenbrüste damit garnieren.

▸▸ Tipp

Dieses Rezept eignet sich wunderbar für ein Festtagsmenü, da man die vorbereitete Hähnchenbrust sowie die Safranmandarinen in luftdicht verschlossenen Gefäßen bzw. vakuumiert zwei Tage im Kühlschrank ziehen lassen kann und anschließend nur noch erwärmen muss.

Lachscarpaccio
mit frittierten Kapern

Zutaten für 2 Personen

300 g Lachsfilet (ohne Haut und Gräten)
1 rote Paprikaschote
Saft und abgeriebene Schale von 1 unbehandelten Limette
grobes Meersalz · Pfeffer aus der Mühle
3 EL Gemüsebrühe
4 EL Olivenöl
20 g Kapern (aus dem Glas)
Öl zum Frittieren

Den Lachs mit einem scharfen langen Messer in etwa 3 mm dünne Scheiben schneiden. Die Lachsscheiben nebeneinander auf eine große Platte legen.

▼

Die Paprikaschote halbieren, entkernen, waschen und schälen. Die Paprika in feine Würfel schneiden und in eine Schüssel geben. Limettensaft und -schale dazugeben, mit Salz und Pfeffer würzen und mit der Brühe und dem Olivenöl zu einer Vinaigrette rühren. Auf den Lachsfiletscheiben verteilen. Zusätzlich mit grob gemahlenem Pfeffer sowie grobem Meersalz würzen.

▼

Die Kapern abgießen und trockentupfen. Das Öl 1 cm hoch in einer Pfanne erhitzen und die Kapern darin etwa 60 Sekunden kross frittieren. Auf Küchenpapier abtropfen lassen. Die Kapern müssen nicht gewürzt werden, aber sollten sofort lauwarm auf das marinierte Lachsfilet verteilt werden.

Rindercarpaccio
mit Staudensellerie

Zutaten für 2 Personen

1 Knoblauchzehe
200 g Rindfleisch (aus der Hüfte)
Saft von 1 Limette
Meersalz · Pfeffer aus der Mühle
3 Stangen Staudensellerie
100 ml Milch
35 g frisch geriebener Parmesan
3 EL Olivenöl

Die Knoblauchzehe schälen, halbieren und zwei große Teller damit ausreiben. Das Rindfleisch mit einem scharfen Messer in 1 bis 2 mm dünne Scheiben schneiden und die Teller damit auslegen. Mit Limettensaft beträufeln und mit Meersalz sowie reichlich schwarzem Pfeffer würzen.

▼

Den Sellerie putzen, waschen und in hauchdünne Scheiben schneiden. Die Milch in einem Topf gut erwärmen, den Parmesan dazugeben, den Topf vom Herd nehmen, das Olivenöl sowie eventuell noch 1 Prise Salz hinzufügen und mit dem Pürierstab schaumig mixen.

▼

Diesen aromatischen Milchschaum über das Carpaccio geben und mit Staudensellerie dekorieren.

Koch doch.

Warme Vorspeisen

Lachs

Tomaten-Cappuccino

mit Rucola-Schaum

Zutaten für 2 Personen

6 reife Strauchtomaten
1/4 Knoblauchzehe
2 Basilikumstiele
200 ml Gemüsebrühe
Salz · Pfeffer aus der Mühle
200 g Sahne
1/2 Bund Rucola

Die Tomaten waschen, den Stielansatz herausschneiden und die Tomaten in Würfel schneiden. Knoblauch schälen. Basilikum waschen, trockenschütteln und die Blätter abzupfen. Tomaten, Knoblauch, Basilikum, Gemüsebrühe, Salz und Pfeffer mit dem Pürierstab mixen. Die Masse in einen Topf geben und einmal kräftig aufkochen lassen.

▼

Ein Sieb mit einem feinen Tuch auslegen und die Suppe in das Sieb abgießen. Den so geklärten weißen Tomatensaft mit 1 Prise Salz abschmecken.

▼

Die Sahne mit etwas Salz und Pfeffer cremig, aber nicht steif schlagen. Den Rucola waschen, trockentupfen und die Blätter in feine Streifen schneiden. Vorsichtig unter die Sahne heben.

▼

Den klaren Tomatenfond erneut aufkochen, bis zur Hälfte in dekorative Gläser füllen und auf den heißen Sud 1 bis 2 gehäufte EL Rucola-Schaum geben. Der besondere Geschmackseffekt entsteht, wenn sich die kalte Sahne mit der heißen Suppe verbindet und der Rucola seine volle Wirkung entfalten kann.

Gebratene Feigen

mit Rucola und Pecorino

Zutaten für 2 Personen

Für die Feigen:
5 frische blaue Feigen
Olivenöl
3 Scheiben Toastbrot
1 Knoblauchzehe
1 Streifen unbehandelte Orangenschale
Für den Rucola:
2 Bund Rucola
2 EL Aceto balsamico (12 Jahre alt)
4 EL Olivenöl
Meersalz · Pfeffer aus der Mühle
60 g Pecorino

Die Feigen waschen, halbieren, in einer beschichteten Pfanne mit etwas Olivenöl auf die Schnittfläche legen und bei mittlerer Hitze 2 Minuten braten.

▼

In der Zwischenzeit das Toastbrot entrinden und in Würfel schneiden. Die Feigen wenden und die Toastbrotwürfel sowie die angedrückte Knoblauchzehe und die Orangenschale dazugeben. Die Croûtons in etwas Olivenöl rösten, bis sie goldbraun sind.

▼

Den Rucola waschen, trockenschütteln, die harten Stiele entfernen und den Rucola in eine große Schüssel geben. Aceto balsamico, das Olivenöl sowie 1 gute Prise Meersalz hinzufügen, alles gut vermischen und auf zwei Tellern oder einer Platte anrichten. Die gebratenen Feigen und Toastbrotwürfel über dem Salat verteilen. Mit frisch gemahlenem Pfeffer bestreuen. Den Pecorino auf einer groben Reibe darüber raspeln.

Überbackener Mangold

mit Pilzen und Parmesanbröseln

Zutaten für 2 Personen

1 Staude Mangold · Salz · Olivenöl
3 Schalotten · 1/2 Knoblauchzehe
200 g Egerlinge oder Champignons
150 g Austernpilze
1 EL Aceto balsamico
10 Cocktailtomaten
4 Scheiben Toastbrot
50 g frisch geriebener Parmesan
3 Basilikumstiele

Mangold putzen, die grünen Blätter vom Mangold ablösen und anderweitig verwenden (z.B. für das Kasseler von Seite 83). Die Mangoldstiele in Stücke schneiden und in kochendem Salzwasser 2 Minuten blanchieren. In Eiswasser abschrecken und auf Küchenpapier abtropfen lassen. Eine Auflaufform mit Olivenöl einfetten und den Mangold darin verteilen.

▼

Schalotten schälen und in feine Würfel schneiden. Knoblauch schälen und in feine Streifen schneiden. Pilze putzen und vierteln. Knoblauch und Schalotten in Olivenöl bei mittlerer Hitze glasig dünsten. Pilze mitbraten. Mit dem Balsamico und Salz abschmecken, auf ein Brett geben und die Pilze fein hacken.

▼

Den Backofen auf 180 °C vorheizen. Tomaten waschen und halbieren. Das Toastbrot entrinden, im Küchenmixer fein mahlen und mit dem geriebenen Parmesan vermischen. Basilikum waschen, trockenschütteln und die Blätter abzupfen. Auf dem Mangold verteilen. Pilze und Tomaten darauf geben, mit den Parmesanbröseln bestreuen und mit Olivenöl beträufeln. Im Ofen mit Grillfunktion 12 bis 15 Minuten überbacken.

Quarkschnitzel

mit Gurkenstreifen

Zutaten für 2 Personen

150 g Quark
1/2 Bund Schnittlauch
2 Eigelb
1/2 EL Speisestärke
70 g Semmelbrösel
Salz
1 Stück frischer Meerrettich
1 EL Butter
1 Salatgurke

Den Quark in ein Tuch geben und gut ausdrücken. Den Schnittlauch waschen, trockentupfen und klein schneiden. Den Quark mit den Eigelben und der Stärke mischen. Den Schnittlauch und etwa 3 EL Semmelbrösel zum Quark geben. Mit Salz und frisch geriebenem Meerrettich abschmecken. Die Konsistenz des Quarkteiges sollte wie dickes Kartoffelpüree sein.

▼

Von der Quarkmasse kleine Portionen abnehmen und zu runden Talern formen. Von beiden Seiten in den restlichen Semmelbröseln wälzen, kurz andrücken und in einer Pfanne in der aufgeschäumten Butter bei mittlerer Hitze von beiden Seiten braten. Falls die Masse nicht zusammenhält, noch etwas Semmelbrösel oder Stärke unter den Teig mischen.

▼

Die Gurke schälen und das Fruchtfleisch mit dem Sparschäler in langen Streifen abziehen. Kurz vor dem Servieren die Gurke salzen, so zieht sie kein Wasser und bleibt schön knackig. Dekorativ auf Teller legen, die Quarkschnitzel dazugeben und servieren.

Schinkenröllchen

mit Frühlingszwiebeln und Aprikosen

Zutaten für 2 Personen

2 Bund Frühlingszwiebeln
200 ml Gemüsebrühe
12 getrocknete Aprikosen
10 dünne Scheiben Parmaschinken
1 TL Olivenpaste (aus dem Glas)
2 EL Olivenöl
Salz · Pfeffer aus der Mühle

Die Frühlingszwiebeln putzen und das Grün abschneiden. Eventuell anderweitig verwenden (z. B. für das Tatar vom Kalbsrücken von Seite 30). Die Frühlingszwiebeln falls nötig halbieren. Die Brühe erhitzen und die Frühlingszwiebeln darin zugedeckt bei mittlerer Hitze etwa 3 Minuten weich dünsten.

▼

Die Aprikosen in Würfel schneiden. Die pochierten Frühlingszwiebeln aus dem Fond nehmen, auf einen Teller legen und beiseite stellen, sodass sie bei Zimmertemperatur etwas abkühlen können. In den noch heißen Pochierfond die Aprikosen geben, zudecken und den Topf vom Herd nehmen. Die Aprikosen sollen in dem heißen Sud quellen.

▼

Die leicht abgekühlten Frühlingszwiebeln in die Parmaschinkenscheiben locker einwickeln. Dekorativ auf zwei Teller oder eine Platte verteilen. Die Olivenpaste in den Aprikosenfond rühren, das Olivenöl dazugeben und mit Salz und etwas schwarzem Pfeffer abschmecken. Die Marinade über die Röllchen träufeln.

Gegrillte Zucchini

mit Schinken und Feta-Käse

Zutaten für 2 Personen

2 Zucchini
2 dicke Scheiben gekochter Schinken
1 TL getrocknete Chiliflakes
8 Würfel Feta-Käse
Olivenöl
Salz · Pfeffer aus der Mühle

Die Zucchini waschen, die Enden abschneiden und die Zucchini der Länge nach halbieren. Das Kerngehäuse entfernen. Den gekochten Schinken in feine Würfel schneiden, mit den getrockneten Chiliflakes vermischen und in die Zucchini füllen. Die Käsewürfel an beiden Enden der Zucchini hineindrücken, sodass sie verschlossen sind.

▼

Den Backofen auf 150 °C vorheizen. Die Zucchini in einer Pfanne in etwas Olivenöl anbraten und im Ofen unter dem Backofengrill 5 bis 8 Minuten fertig grillen. Oder die gefüllten Zucchini direkt auf den Holzkohlengrill legen und 5 bis 8 Minuten grillen.

▼

Die Zucchini in 1 bis 1 1/2 cm dicke Scheiben schneiden und mit Salz, frisch gemahlenem schwarzem Pfeffer sowie einigen Tropfen Olivenöl würzen.

Blumenkohlcreme

mit gerösteten Brotscheiben

Zutaten für 2 Personen

200 g Blumenkohl bzw. Blumenkohlröschen
1 Kartoffel
200 g Sahne
60 g frisch geriebener Parmesan
Salz · Pfeffer aus der Mühle
3 Thymianzweige
10 Scheiben Baguette
1 Knoblauchzehe
2 EL Olivenöl

Den Blumenkohl putzen, waschen und klein schneiden. Die Kartoffel schälen und in feine Würfel schneiden. Die Sahne erhitzen und Blumenkohl und Kartoffel darin etwa 5 Minuten weich köcheln.

▼

Den Parmesan dazugeben und alles mit dem Pürierstab zu einer homogenen Creme mixen. Mit Salz und etwas Pfeffer abschmecken.

▼

Den Thymian waschen und trockenschütteln. Die Baguettescheiben mit dem Thymian und der angedrückten Knoblauchzehe in einer Pfanne im Olivenöl von beiden Seiten knusprig braten. Die Blumenkohl-Parmesan-Creme in einem Schälchen anrichten, eventuell noch mit etwas frischem Parmesan bestreuen. Als Dip zu den Brotscheiben servieren.

Geröstetes Brot

mit Bergkäse, Karotten und Zwiebeln

Zutaten für 2–4 Personen

4 rote Zwiebeln
1 Bund junge Karotten (mit Grün)
1 EL Butterschmalz
4 Scheiben Speck
Salz · Pfeffer aus der Mühle
12 Walnüsse
4 dicke Scheiben Schwarzbrot
1/2 Knoblauchzehe
1/2 EL Weißweinessig
200 g Bergkäse

Die Zwiebeln schälen und achteln. Das Karottengrün bis auf 2 cm abschneiden und die Karotten unter fließendem Wasser mit einer Gemüsebürste waschen und längs vierteln. Die Hälfte des Butterschmalzes in einem Bräter erhitzen und Zwiebeln sowie Karotten bei mittlerer Hitze mit dem Speck darin anbraten. Mit Salz und Pfeffer würzen, die Walnüsse dazugeben und kurz mitrösten. Den Backofen auf 150 °C (Umluft) vorheizen. Den Bräter mit Alufolie oder einem Deckel verschließen und 15 Minuten im Ofen schmoren.

▼

Die Schwarzbrotscheiben nach und nach in einer beschichteten Pfanne nur von einer Seite mit dem restlichen Butterschmalz bei mittlerer Hitze langsam rösten, sodass sie knusprig sind. Auf Küchenpapier kurz abtropfen lassen und die gebratene Seite mit Knoblauch einreiben. Mit der gerösteten Seite nach oben auf eine Platte legen. Das Gemüse aus dem Ofen nehmen, mit dem Essig marinieren und auf den Brotscheiben verteilen. Den Bergkäse in hauchdünne Scheiben schneiden und auf das Gemüse legen. Sofort servieren.

Ricottapizza

mit Orangen und Speck

Zutaten für 2 Personen

Für den Teig:
60 g Ricotta
50 ml Milch
50 ml Olivenöl
Salz
175 g Mehl
1/2 TL Backpulver
Für den Belag:
1 Kartoffel
1 Knoblauchzehe
3 Thymianzweige
100 ml Milch
70 g Speckwürfel
Olivenöl
Salz
1/2 TL geschroteter schwarzer Pfeffer
2 Orangen

Für den Teig Ricotta mit Milch, Olivenöl und 1 Prise Salz glatt rühren. Mehl und Backpulver dazugeben und alles zu einem geschmeidigen Teig verkneten. Falls nötig, noch etwas Milch oder Mehl hinzufügen. Den Teig leicht mit Mehl bestäuben, mit Frischhaltefolie abdecken und 10 Minuten ruhen lassen.

▼

Die Kartoffel schälen, in Salzwasser gar kochen und durch eine Kartoffelpresse drücken. Knoblauch schälen, Thymian waschen und trockenschütteln. Beides mit der Milch aufkochen. Die Milch durch ein Sieb gießen und zu der heißen Kartoffel geben. Gut verrühren, sodass eine Kartoffelcreme entsteht.

Den Speck in einer Pfanne in etwas Olivenöl knusprig braten. Den Speck in ein Sieb abgießen, das Specköl auffangen und unter die Kartoffelcreme rühren. Falls nötig, mit Salz abschmecken.

▼

Den Teig auf einer leicht bemehlten Arbeitsfläche zu zwei runden Pizzen von etwa 20 cm Durchmesser ausrollen. Dabei einen Pizzarand stehen lassen. Die Pizzen auf Backpapier legen. Den Backofen auf 220 °C vorheizen.

▼

Den Teig mit der Kartoffelcreme bestreichen und mit dem geschroteten Pfeffer bestreuen. Im Ofen auf der unteren Schiene 10 Minuten backen, bis die Unterseite der Pizzen hellbraun ist. Falls nötig, die Pizzen mit Alufolie abdecken. Die Orangen mit einem Messer schälen und die Filets herausschneiden. Die Pizzen aus dem Ofen nehmen und sofort mit Orangen belegen, sodass sie durch die Resthitze der Pizza noch erwärmt werden. Die Speckwürfel darüber streuen und die Pizzen sofort servieren.

Tipp

Noch besser schmeckt die Pizza, wenn Sie Blutorangen verwenden, die es hauptsächlich von Dezember bis Anfang März gibt.

Wachtel in der Folie

mit Zartweizen und Frühlingszwiebeln

Zutaten für 2 Personen

2 Frühlingszwiebeln
2–3 EL Olivenöl · Salz
100 g Zartweizen
250 ml Gemüsebrühe
1 TL Butter · 60 g Mandelblättchen
6 Wachtelbrüste
Pfeffer aus der Mühle
6 Champignons · 1/2 Bund Thymian

Frühlingszwiebeln putzen, waschen, in feine Ringe schneiden, in 1 EL Olivenöl andünsten und mit Salz würzen. Zartweizen dazugeben und mit der Brühe auffüllen. Etwa 15 Minuten zugedeckt leicht köcheln lassen. Die Butter aufschäumen und die Mandelblättchen mit etwas Salz darin rösten. Auf einem Sieb abtropfen lassen, die Butter auffangen, zum Zartweizen geben.

▼

Die Wachtelbrüste mit Salz und Pfeffer würzen. In einer Pfanne in 1 EL Olivenöl von beiden Seiten rasch anbraten, herausnehmen, auf einen Teller geben und beiseite stellen. Die Champignons putzen und in Scheiben schneiden. In die noch heiße Pfanne geben, mit etwas Salz würzen und kurz anbraten.

▼

Den Backofen auf 170 °C (Umluft) vorheizen. Thymian waschen und trockenschütteln. Thymian auf ein etwa DIN-A4-großes Stück Alufolie legen, die Wachtelbrüste darauf legen und die Pilze darauf verteilen. Mit Olivenöl beträufeln und die Alufolie so zusammenfalten, dass kein Dampf entweichen kann. Im Ofen 8 bis 10 Minuten garen. Zum Servieren die Wachtelbrüste auf dem Zartweizen anrichten und die Pilze darauf verteilen. Mit Schmorsud und Mandelblättchen garnieren.

Tatar vom Kalbsrücken

im Kartoffelkörbchen

Zutaten für 2 Personen

2 große fest kochende Kartoffeln
Öl zum Frittieren · Salz
200 g Kalbsrücken
2 Stangen Staudensellerie
1/2 Bund Frühlingszwiebelgrün oder Schnittlauch
Meersalz · Pfeffer aus der Mühle
Saft von 1 Zitrone · 3 EL Olivenöl
1 EL frisch geriebener Parmesan

Die Kartoffeln schälen. Mit einem Sparschäler die Kartoffel ringsherum spiralförmig abschälen, bis eine etwa 5 cm große Kartoffelscheibe und ein 40 cm langes Kartoffelband entstanden ist. Jeweils 7 Zahnstocher bzw. Schaschlikspieße in den Rand der Kartoffelscheiben leicht nach außen geneigt stecken. Das Kartoffelband um die Zahnstocher flechten, sodass Körbchen entstehen. Die Kartoffelkörbchen in Öl knusprig frittieren, auf Küchenpapier abtropfen lassen, mit etwas Salz würzen und vorsichtig die Zahnstocher bzw. Schaschlikspieße entfernen.

▼

Den Kalbsrücken in feine Würfel schneiden. Staudensellerie putzen, waschen und in feine Scheiben schneiden. Das Frühlingszwiebelgrün oder den Schnittlauch waschen und in feine Ringe schneiden. Alles miteinander vermischen. Mit Meersalz, grobem schwarzem Pfeffer und Zitronensaft marinieren. Mit Olivenöl sowie geriebenem Parmesan abrunden. Das Kalbstatar locker in die lauwarmen Kartoffelkörbchen verteilen. Nach Belieben mit Staudensellerieblättern garnieren und sofort servieren.

Kalbshaxencarpaccio

mit Pilzmarinade und Pestocrostini

Zutaten für 4–6 Personen

1 geschmorte Kalbshaxe (siehe Seite 86)
140 ml Olivenöl
3 Schalotten
200 g Egerlinge
150 g Champignons
150 g Austernpilze
1 1/2 Knoblauchzehen
1 EL Zucker
2 EL Aceto balsamico
400 ml Kalbshaxensauce (siehe Seite 86)
1 Kopf Friséesalat
1 Stange Baguette oder Ciabatta
je 1 Bund Basilikum und glatte Petersilie
Meersalz
2 EL Pinienkerne
3 EL frisch geriebener Pecorino oder Parmesan

Eine geschmorte Kalbshaxe vom Knochen lösen, in Frischhalte- oder Alufolie wickeln und im Kühlschrank abkühlen lassen. Mit einem scharfen Messer oder auf der Aufschnittmaschine in 4 mm dünne Scheiben schneiden. Eine große flache Schale bzw. einen Teller mit etwas Olivenöl einreiben, die hauchdünnen Kalbshaxenscheiben überlappend darauf legen. Mit Alufolie locker abdecken und im Ofen bei 75 °C 12 Minuten erwärmen.

▼

Die Schalotten schälen und in feine Würfel schneiden. Die Pilze putzen und in Streifen schneiden. Die Schalotten in einer flachen großen Pfanne in 2 bis 3 EL Olivenöl anbraten. Die angedrückte Knoblauchzehe sowie die Pilze dazugeben und alles gut braten. Den Zucker dazustreuen und etwas karamellisieren lassen. Mit dem Balsamico ablöschen und mit der Kalbshaxensauce auffüllen, einmal aufkochen lassen, beiseite stellen und etwa 4 Minuten ziehen lassen.

▼

Den Salat putzen, die Blätter ablösen, waschen und trockenschleudern. Die Baguette- bzw. Ciabattastange in 1 1/2 cm dicke Scheiben schneiden. In einer Pfanne in 1 bis 2 EL Olivenöl von beiden Seiten rösten, auf Küchenpapier abtropfen lassen. Das Basilikum und die Petersilie waschen, trockenschütteln, die Blätter abzupfen und mit Meersalz, der halben Knoblauchzehe, 70 ml Olivenöl und Pinienkernen mit dem Pürierstab zu einem feinen Kräuteröl mixen.

▼

Den geriebenen Käse mit einem Löffel unterrühren und die noch lauwarmen Crostinischeiben damit bestreichen. Die Kalbshaxe aus dem Ofen nehmen und die süßsaure Pilzmarinade dünn darauf streichen. Mit Friséeblättern bestreuen. 1 bis 2 EL Olivenöl darüber träufeln und mit den Pestocrostini servieren.

Tipp

Statt Crostini kann man auch würzige Croûtons aus Sauerteigbrot über das Carpaccio streuen oder Brotchips dazu servieren.

Der schnellste Schweinebraten der Welt

mit Kopfsalat und Zwiebelvinaigrette

Zutaten für 2 Personen

12 dünn geschnittene Scheiben roher Schweinebauch (4 mm dick; ohne Schwarte)
Salz · Pfeffer aus der Mühle
2 EL Butterschmalz
2 EL Zucker
200 ml Gemüsebrühe
1 Schuss Bier
1 TL Senf
1 Prise ganzer Kümmel
1 EL Butter
1/2 Kopfsalat
2 rote Zwiebeln
2 Zweige glatte Petersilie
1/4 Bund Schnittlauch
2 EL Rotweinessig
4 EL Sonnenblumenöl

Die Schweinebauchscheiben mit Salz und Pfeffer würzen und nacheinander in einer Pfanne im Butterschmalz von beiden Seiten braun braten und auf Küchenpapier abtropfen lassen.

▼

Das Butterschmalz abgießen, die Pfanne mit Küchenpapier ausreiben, den Zucker hineingeben und leicht braun karamellisieren lassen. Mit der Hälfte der Gemüsebrühe ablöschen, Bier, Senf, Kümmel und Butter dazugeben und alles zu einer sämigen Glasur einkochen lassen.

▼

Vom Kopfsalat den Strunk herausschneiden, den Salatkopf in vier Stücke schneiden, waschen und trockentupfen. Auf einer Platte oder 2 Tellern anrichten. Die Zwiebeln schälen und in feine Würfel schneiden. Die Petersilie waschen, trockenschütteln und hacken. Schnittlauch waschen, trockentupfen und klein schneiden. Beides mit den Zwiebeln, dem Rotweinessig, der restlichen Gemüsebrühe und dem Sonnenblumenöl zu einer Marinade rühren. Mit Salz und Pfeffer würzen und über dem Kopfsalat verteilen.

▼

Die Schweinebauchscheiben einzeln durch die Glasur ziehen und mit dem Salat anrichten. Die übrige Glasur darüber träufeln und sofort servieren.

Tipp

Die Glasur wird durch den Senf schön würzig, das Bier sorgt für eine herbe Note. Aber Vorsicht: Nicht zu viel Bier verwenden, sonst wird die Glasur zu bitter. Der karamellisierte Zucker gibt die Süße und Kümmel gehört zu Schweinebraten einfach dazu.

Koch doch.

Kleine Gerichte

Artischockenminestrone

mit geschmorten Rosmarintomaten

Zutaten für 2–4 Personen

10 Cocktailtomaten (mit Grün)
1 Rosmarinzweig
3 EL Olivenöl
1 große Artischocke
3 Schalotten
1 Knoblauchzehe
150 g weiche italienische Salami
600 ml Gemüsebrühe
80 g kleine Suppennudeln
Salz
100 g weiße Bohnen (aus dem Glas oder der Dose)
5 Stiele glatte Petersilie
2 EL geriebener Parmesan

Den Backofen auf 160 °C (Umluft) vorheizen. Die Cocktailtomaten waschen und trockentupfen. Rosmarin waschen, trockentupfen und die Nadeln abzupfen. Die Tomaten mit den Rosmarinnadeln und 2 EL Olivenöl in eine Auflaufform geben und zugedeckt im Ofen 8 Minuten schmoren.

▼

Von der Artischocke den Stiel abtrennen, die Hüllblätter zu zwei Dritteln abschneiden und die verbleibenden Hüllblätter rund um den Artischockenboden abschneiden. Das »Heu« mit einem Teelöffel auslösen. Den Artischockenboden halbieren und in sehr feine Scheiben schneiden. In 1 EL Olivenöl anbraten.

▼

Die Schalotten schälen, halbieren und in feine Streifen schneiden. Die Knoblauchzehe schälen und andrücken. Die Salami in feine Würfel schneiden. Alles zu den Artischocken geben und kurz mitbraten. Mit der Gemüsebrühe auffüllen, die Suppennudeln dazugeben, falls nötig, mit etwas Salz würzen und zugedeckt 6 bis 8 Minuten bei mittlerer Hitze gar köcheln.

▼

Die Bohnen in ein Sieb abgießen, mit lauwarmem Wasser abbrausen und abtropfen lassen. Die Petersilie waschen, trockenschütteln, die Blätter von den Stielen zupfen und fein hacken. Bohnen und Petersilie zur Minestrone geben. In einer großen Suppenschüssel oder in Suppentellern anrichten, mit den geschmorten Cocktailtomaten aus dem Ofen garnieren. Etwas Rosmarinöl darüber träufeln und mit dem geriebenen Parmesan bestreuen.

▸▸ Tipp

Für dieses Rezept sollten Sie keine Artischockenböden aus dem Glas oder der Dose verwenden. Zum einen sind sie meistens säuerlich eingelegt, was dem Geschmack der Suppe nicht gut tut. Zum anderen erhält die Minestrone damit zu wenig Artischockenaroma. Die frischen sind die besten.

Schmelzzwiebelsuppe

mit Putenbrust

Zutaten für 2 Personen

300 g Zwiebeln
2 EL Butterschmalz
100 ml trockener Weißwein
400 ml Gemüsebrühe
1 Kartoffel
100 g Sahne
3 Dillstiele
Salz
140 g geräucherte Putenbrust
Pfeffer aus der Mühle

Die Zwiebeln schälen, in feine Streifen schneiden und in einem Topf im Butterschmalz bei kleiner Hitze 12 bis 14 Minuten langsam dünsten. Mit dem Weißwein ablöschen und mit der Gemüsebrühe auffüllen.

▼

Die Kartoffel schälen, auf einer Reibe fein raspeln und in die Suppe geben. Zugedeckt weitere 12 Minuten bei mittlerer Hitze langsam köcheln lassen.

▼

Die Sahne mit dem Schneebesen cremig schlagen. Den Dill waschen, trockentupfen, die Spitzen abzupfen und hacken. Mit 1 Prise Salz unter die Sahne heben. Die Putenbrust in feine Würfel schneiden.

▼

Die Schmelzzwiebelsuppe mit dem Pürierstab fein mixen, mit Salz und Pfeffer abschmecken, auf zwei Teller verteilen, die Putenbrust dazugeben und mit 1 EL Dillsahne dekorieren.

Kastanien-Cappuccino

mit Scampi-Zimt-Spieß

Zutaten für 4–6 Personen

1 Zwiebel · 1 Petersilienwurzel
2 EL Olivenöl
150 g gekochte Esskastanien (Maronen)
1 TL brauner Zucker
1 EL Aceto balsamico · 100 ml Weißwein
600 ml Gemüsebrühe · 300 g Sahne
Salz · Pfeffer aus der Mühle
6 große Scampi bzw. Riesengarnelen (geschält, küchenfertig)
6 möglichst lange Zimtstangen
300 ml Vollmilch
Zimtpulver · Ingwerpulver

Die Zwiebel und die Petersilienwurzel schälen bzw. putzen und in Würfel schneiden. In einem Topf in etwas Olivenöl andünsten, die Kastanien sowie den braunen Zucker dazugeben. Kurz karamellisieren lassen und mit Balsamico und Weißwein ablöschen. Die Brühe und die Sahne hinzufügen und zugedeckt bei mittlerer Hitze 10 Minuten köcheln lassen. Mit dem Pürierstab fein mixen (die Konsistenz sollte samtig-cremig sein) und mit Salz und Pfeffer würzen.

▼

Die Scampi waschen, trockentupfen und jeweils auf eine Zimtstange stecken. Mit Salz und Pfeffer würzen und bei mittlerer Hitze in etwas Olivenöl von beiden Seiten etwa 1 bis 2 Minuten braten. Die Suppe aufkochen, zu zwei Dritteln in vier vorgewärmte dekorative Gläser füllen. Die Milch mit 1 Prise Salz, Zimt und Ingwer in einem kleinen, hohen Topf gut erwärmen (nicht aufkochen), mit dem Pürierstab schaumig aufschlagen und den Schaum auf der Suppe verteilen, mit dem Spieß dekorieren.

Geflügelleber
mit Safrankraut

Zutaten für 2 Personen

1/8 Kopf Weißkraut
3 EL Olivenöl
200 ml Brühe · 1/2 Kartoffel
1 Prise Safranpulver oder Safranfäden
200 g geputzte Geflügelleber · 1 TL Mehl
Salz · Pfeffer aus der Mühle
1 Schalotte · 1 Knoblauchzehe
1 Rosmarinzweig · 1 EL Butter
1 EL Aceto balsamico · 1 Schuss Rotwein

Vom Weißkraut den Strunk entfernen und das Kraut in feine Streifen schneiden, waschen und trockenschleudern. Mit 2 EL Olivenöl 5 Minuten bei mittlerer Hitze dünsten. Die Brühe dazugießen, die Kartoffel fein reiben und mit dem Safran zum Weißkraut geben. Bei mittlerer Hitze 3 Minuten langsam köcheln lassen, dabei ab und zu umrühren. Die Kartoffel bindet den Sud und macht das Weißkraut cremig.

▼

Die Leber kurz waschen, trockentupfen, mit Mehl bestäuben und in einer großen, flachen beschichteten Pfanne mit dem restlichen Olivenöl schnell anbraten. Herausnehmen und mit Salz und Pfeffer würzen. Die Schalotte schälen, in feine Streifen schneiden und die Knoblauchzehe andrücken. Rosmarin waschen, trockentupfen, die Nadeln abzupfen und grob hacken.

▼

Schalotte und Knoblauch in der Butter bei kleiner Hitze 2 Minuten langsam braten. Leber und Rosmarin dazugeben und weitere 2 Minuten braten. Mit Salz, Pfeffer, Balsamico und Rotwein abschmecken. Die Leber auf dem Safrankraut anrichten. Dazu den Maronenrisotto von Seite 99 servieren.

Schwarzbrot-Cannelloni
mit Pfirsichsauerkraut

Zutaten für 2 Personen

6 dünne Scheiben Schwarzbrot
1 EL weiche Butter
6 Streifen Kochschinken (fingerdick)
2–3 EL Butterschmalz
2 Schalotten
6 EL gekochtes Sauerkraut (klein geschnitten)
150 ml Gemüsebrühe
1 Pfirsich

Das Schwarzbrot nebeneinander legen und dünn mit der Butter bestreichen. Jeweils 1 Streifen Kochschinken darauf legen und in das Schwarzbrot wickeln, sodass eine Art Cannelloni entsteht. Auf der Nahtseite in 2 EL Butterschmalz anbraten und dann von allen Seiten goldbraun braten.

▼

Die Schalotten schälen und in feine Würfel schneiden. Mit wenig Butterschmalz im Topf andünsten, das Sauerkraut dazugeben, mit der Brühe auffüllen und aufkochen lassen. In der Zwischenzeit den Pfirsich waschen, trockentupfen und in feine Streifen schneiden. Auf das Sauerkraut legen. Nochmals etwa 1 Minute leicht köcheln lassen, sodass der Pfirsich sein volles Aroma entfalten kann.

▼

Zum Anrichten das Pfirsichsauerkraut auf Teller verteilen und mit den Schwarzbrot-Cannelloni garnieren. Pfirsich und Sauerkraut sind eine ungewöhnliche, aber interessante Geschmackskombination von säuerlich frisch und fruchtig süß.

Hackbratensoufflé

mit Rahmspargel

Zutaten für 2 Personen

2 Eier · Salz
1/2 Zwiebel
300 g gemischtes Hackfleisch
1 eingeweichte Brezel oder Laugenstange
Pfeffer aus der Mühle
1–2 EL Butter
500 g weißer oder grüner Spargel
150 g Sahne
1 Tomate · etwas Gartenkresse

Den Backofen auf 180 °C vorheizen. Die Eier trennen, das Eiweiß mit 1 Prise Salz sehr steif schlagen. Die Zwiebel schälen und in feine Würfel schneiden. Mit Eigelben, Hackfleisch und der eingeweichten Brezel sowie Salz und Pfeffer gut vermischen. Vorsichtig das Eiweiß unterheben. Zwei Tassen oder Auflaufformen mit Butter einfetten, die Hackbratenmasse einfüllen und im Wasserbad im Ofen 14 bis 18 Minuten garen.

▼

Den Spargel schälen und die Enden abschneiden, den grünen Spargel nur im unteren Drittel schälen. Die Spargelstangen in schräge Scheiben schneiden, die Köpfe ganz lassen (3 cm groß). Den Spargel mit 1/2 EL Butter andünsten, mit Salz leicht würzen, mit der Sahne aufgießen und bei mittlerer Hitze 3 bis 4 Minuten köcheln lassen.

▼

Die Tomate waschen, vierteln, entkernen und das Fruchtfleisch in sehr feine Würfel schneiden. Kurz vor dem Servieren zum Spargel geben, noch etwa 30 Sekunden mitgaren und mit der Kresse würzen. Das Spargelgemüse auf Teller verteilen, das Soufflé aus dem Förmchen stürzen und daneben anrichten.

Saiblingsfilet

mit Spargel und Nussbutter

Zutaten für 2 Personen

500 g grüner Spargel
1/2 EL Butterschmalz
1/2 Bund Salbei
1 Knoblauchzehe
2 große Saiblingsfilets (à 120 g)
Salz · Pfeffer aus der Mühle
1 EL Butter
abgeriebene Schale und Saft von
1 unbehandelten Zitrone

Den grünen Spargel im unteren Drittel schälen und die Enden abschneiden. Den Spargel schräg in längliche Stücke schneiden. Die Spargelspitzen ganz lassen. Den Spargel in einer beschichteten Pfanne im Butterschmalz bei mittlerer Hitze 3 Minuten langsam braten. Die Pfanne ab und zu schwenken oder den Spargel mit einem Kochlöffel umrühren.

▼

Salbei waschen, trockentupfen, die Blätter abzupfen und zum Spargel geben. Knoblauch andrücken und ebenfalls dazugeben. Mitbraten, bis der Salbei schön kross ist. In der Zwischenzeit den Saibling in dünne Scheiben schneiden. Auf zwei Teller oder eine Platte verteilen, den Fisch mit etwas Salz und Pfeffer würzen und den Teller bzw. die Platte mit dem Fisch im Backofen bei 70 °C 5 bis 6 Minuten erwärmen.

▼

Den Spargel mit dem Salbei auf dem Fisch verteilen. Die Butter aufkochen und leicht braun werden lassen, sodass Nussbutter entsteht. Etwas Salz dazugeben und mit Zitronenschale und etwas Zitronensaft abschmecken. Diese Vinaigrette über den Saibling und Spargel träufeln und sofort servieren.

Scampi-Risotto-Bällchen

mit Petersilien-Knoblauch-Dip

Zutaten für 4 Personen

8 Scampi (à 150 g)
1 Schalotte · 1 EL Butter
150 g Risottoreis
Salz · Pfeffer aus der Mühle
100 ml trockener Weißwein
3 Knoblauchzehen · 3 Thymianzweige
1 Tomate · 2 EL Olivenöl
300 ml Gemüsebrühe
1 Lorbeerblatt
1 EL kalte Butter
1 Rosmarinzweig
4 Scheiben Toastbrot
Öl zum Frittieren
1 Bund glatte Petersilie
2 EL Crème fraîche

Die Scampi schälen, d.h., mit einer Drehbewegung den Kopf vom Schwanz trennen, die Unterseite des Panzers mit beiden Händen auseinander brechen, die einzelnen Segmente entfernen und das Fleisch herausdrücken. Mit einem kleinen spitzen Messer das Fleisch am Rücken so tief einschneiden, bis der schwarze Darm sichtbar wird. Das Fleisch auseinander klappen und den Darm freilegen. Den Darm mit der Messerspitze aus dem Fleisch lösen, die Scampi waschen und trockentupfen. Die Schalen ebenfalls waschen und trockentupfen.

▼

Die Schalotte schälen, in feine Würfel schneiden und in der Butter andünsten. Den Risottoreis dazugeben, kurz mitdünsten und mit Salz und Pfeffer würzen. Mit Weißwein ablöschen, den Deckel darauf legen, den Topf vom Herd nehmen und 5 Minuten quellen lassen. 1 Knoblauchzehe andrücken, die Thymianzweige waschen, trockenschütteln und die Blättchen abzupfen. Die Tomate waschen und vierteln. In einem Topf das Olivenöl erhitzen, die Scampischalen darin andünsten, mit der Gemüsebrühe auffüllen, angedrückte Knoblauchzehe, Thymian, Lorbeerblatt sowie die Tomate dazugeben, aufkochen und den Sud nach und nach zu dem Risotto geben. Bei mittlerer Hitze 14 bis 15 Minuten kochen, bis der Reis bissfest ist. Dabei ständig umrühren. Sofort die kalte Butter unterrühren, mit Salz abschmecken und den Reis auf ein flaches Blech geben und glatt streichen.

▼

Das Scampifleisch in Würfel schneiden bzw. hacken. Rosmarin waschen, trockentupfen, die Nadeln abzupfen und fein hacken. Alles unter den erkalteten Risotto mischen. Aus der Scampi-Risotto-Masse kleine Bällchen formen (3 cm Durchmesser). Vom Toastbrot die Rinde entfernen und das Toastbrot im Mixer fein mahlen. Die Risottobällchen darin wälzen und die Brösel gut andrücken. Das Öl erhitzen und die Bällchen darin frittieren, auf Küchenpapier abtropfen lassen und im Backofen bei 80 °C warm halten.

▼

Die Petersilie waschen, trockentupfen, die Blätter abzupfen, für 3 Sekunden in kochendem Wasser blanchieren und sofort in Eiswasser abschrecken. Die restlichen Knoblauchzehen schälen und klein schneiden. Knoblauch, Petersilie und Crème fraîche sowie Salz und Pfeffer mit dem Pürierstab zu einem cremigen Dip mixen. Zu den Risottobällchen servieren.

Gnocchi

mit Salbei und Gorgonzola-Tomaten

Zutaten für 2 Personen

4 mehlig kochende Kartoffeln · Salz
Pfeffer aus der Mühle
1 EL Quark
1 Ei
2 EL Mehl
1 1/2 EL Speisestärke
12 Cocktailtomaten
120 g junger Gorgonzola
2 EL Semmelbrösel
2 EL Olivenöl
10 Salbeiblätter
1/2 EL Butter

Für die Gnocchi die Kartoffeln in leicht gesalzenem Wasser gar kochen, abgießen und gut ausdampfen bzw. abkühlen lassen. Am besten die Kartoffeln schon am Vortag kochen. Die Kartoffeln schälen und durch eine Kartoffelpresse drücken. Mit Salz, Pfeffer, Quark, Ei, Mehl sowie Speisestärke zu einem homogenen Teig verarbeiten.

▼

Der Gnocchiteig sollte die Konsistenz eines dicken Kartoffelpürees haben. Für die Garprobe ein kleines Klößchen formen und in kochendem Wasser 2 Minuten lang pochieren. So kann man am besten feststellen, ob der Teig die richtige Konsistenz hat. Ist er zu weich, noch etwas Mehl und Stärke dazugeben, ist er zu fest, noch etwas Quark oder Kartoffel hinzufügen.

▼

Den Gnocchiteig auf einer mit Mehl bestäubten Arbeitsfläche zu fingerdicken Strängen rollen und die Rollen in 2 cm große Stücke schneiden. Mit den Händen zu Gnocchi formen und mit der Gabel auf beiden Seiten Rillen hineindrücken. Die Gnocchi in reichlich Salzwasser geben und bei mittlerer Hitze köcheln lassen, bis sie oben schwimmen. Den Topf vom Herd ziehen und die Gnocchi noch 5 Minuten ziehen lassen.

▼

Den Backofen auf 200 °C vorheizen. Die Cocktailtomaten waschen, halbieren, mit der Schnittseite nach oben in eine Auflaufform geben, mit Salz und Pfeffer würzen. Den Gorgonzola in Stücke zupfen und auf den Cocktailtomaten verteilen, mit den Semmelbröseln bestreuen und mit 1 EL Olivenöl beträufeln. Im Ofen mit Grillfunktion 4 Minuten lang schmoren bzw. den Gorgonzola mit den Bröseln leicht rösten.

▼

Die Salbeiblätter waschen und trockentupfen. In einer flachen beschichteten Pfanne das restliche Olivenöl und die Butter erhitzen, sodass die Butter nur aufschäumt. Die Salbeiblätter dazugeben und leicht knusprig braten. Die Gnocchi aus dem Kochwasser heben, kurz abtropfen lassen und zu dem Salbei in die Pfanne geben. Etwa 1 Minute braten bzw. schwenken, auf zwei Teller verteilen, falls nötig mit Salz und Pfeffer abschmecken und die Gorgonzola-Tomaten einzeln zu den Gnocchi setzen.

Tipp

Die Kartoffeln dürfen keine Resthitze mehr haben, sonst wird das Klebereiweiß beim Kneten des Teiges zu warm und der Teig wird zu fest.

Spinat-Penne

mit Esskastanien und Speck

Zutaten für 2 Personen

10 Esskastanien (mit Schale)
2 Hand voll frischer Spinat
Salz
2 Schalotten
2 Knoblauchzehen
40 g Speck
1 EL Olivenöl
3 Thymianzweige
100 g Sahne
Pfeffer aus der Mühle
180 g Penne
60 g Parmesan

Den Backofen auf 180 °C (Umluft) vorheizen. Die Kastanien mit einem scharfen, spitzen Messer auf einer Seite kreuzweise etwa 2 cm einritzen und 25 bis 35 Minuten im Backofen rösten. Wenn die Schale aufplatzt bzw. sich die Kastanien schälen lassen, die Kastanien herausnehmen und etwas abkühlen lassen. Noch warm schälen. Die Kastanien in 5 mm große Würfel oder Stücke schneiden bzw. hacken und nochmals kurz im Ofen 6 Minuten rösten.

▼

Den Spinat putzen, d.h., die Blätter von den Stielen trennen und den Spinat waschen. In kochendem Salzwasser 10 Sekunden blanchieren, sofort in eiskaltem Wasser abschrecken, abgießen und gut ausdrücken. Den Spinat mit einem großen Messer fein hacken.

▼

Die Schalotten schälen und in feine Würfel schneiden. Die Knoblauchzehen schälen und in feine Scheiben schneiden. Den Speck in feine Würfel schneiden. Alles in einem Topf im Olivenöl anbraten.

Thymian waschen, trockenschütteln und die Blätter abzupfen. Mit der Sahne in den Topf zu den Zwiebeln geben. Die Sahne einmal aufkochen lassen, den Spinat hinzugeben und mit Salz und Pfeffer abschmecken. Die Penne in kochendem Salzwasser bissfest garen, abgießen, abtropfen lassen und zu dem Spinat geben. Alles gut verrühren und auf zwei Teller oder eine große Platte verteilen. Den Parmesan reiben und mit den Kastanien über die Penne streuen.

Tipp

Als Alternative zu den Kastanien in der Schale kann man auch bereits vorgekochte Esskastanien oder Maronen kaufen. Diese dann in Würfel schneiden und in etwas Butter kross braten.

Tagliatelle

mit gebratenem Chicorée

Zutaten für 2 Personen

2 eingelegte Chicorée (Rezept siehe Seite 100)
1 EL Mehl
1–2 EL Olivenöl
8 dünne Scheiben Speck
2 Schalotten
150 g Sahne
Salz · Pfeffer aus der Mühle
60 g frisch geriebener Parmesan
200 g Tagliatelle

Den Chicorée aus dem Fond nehmen, halbieren und trockentupfen. Die Schnittflächen mit Mehl bestäuben und den Chicorée im Olivenöl auf den Schnittflächen knusprig braun braten.

▼

Den Backofen auf 180 °C (Umluft) vorheizen. Die Speckscheiben in etwas dickere Streifen schneiden und zum Chicorée geben, kurz mitbraten und im Ofen mit Grillfunktion 15 Minuten braten bzw. rösten.

▼

Die Schalotten schälen, in feine Würfel schneiden und in etwas Olivenöl andünsten. Die Sahne dazugeben, einmal aufkochen, mit Salz und Pfeffer würzen und den Parmesan hinzufügen. Den Topf von der Kochstelle nehmen und den Parmesan langsam darin schmelzen lassen.

▼

Die Tagliatelle in kochendem Salzwasser bissfest garen, abgießen, abtropfen lassen und sofort in die Parmesansahne geben. Zweimal durchschwenken und auf zwei Teller verteilen. Den Chicorée mit dem Speck dazugeben. Falls nötig, mit etwas frisch gemahlenem schwarzem Pfeffer bestreuen.

Bandnudeln

mit Entenragout

Zutaten für 2 Personen

1 Entenkeule
2 Schalotten
1–2 EL Olivenöl
Salz · Pfeffer aus der Mühle
1/2 EL Tomatenmark
1 Glas Rotwein
4 Thymianzweige · 300 ml Gemüsebrühe
6 große Blätter Sauerampfer
160 g Bandnudeln
etwas frischer Parmesan

Von der Entenkeule die Haut entfernen und in kleine Würfel schneiden. Das Fleisch vom Knochen lösen, ebenfalls in kleine Würfel schneiden. Die Schalotten schälen und in kleine Würfel schneiden. Fleisch und Schalotten in einem kleinen Topf im Olivenöl gut anbraten, mit Salz und Pfeffer würzen. Das Tomatenmark dazugeben und kurz mitrösten. Mit dem Rotwein ablöschen, kurz einköcheln lassen. Thymian waschen, trockenschütteln und mit der Gemüsebrühe dazugeben. Zugedeckt etwa 45 bis 60 Minuten bei sehr kleiner Hitze langsam gar köcheln lassen.

▼

Die Entenhaut in einem kleinen Pfännchen in etwas Olivenöl kross braten, auf Küchenpapier abtropfen lassen und leicht mit Salz würzen. Sauerampfer waschen, trockentupfen und in feine Streifen (Julienne) schneiden. Die Bandnudeln in kochendem Salzwasser bissfest garen, abgießen, abtropfen lassen und auf Teller verteilen. Das Entenragout mit Salz und Pfeffer abschmecken und über den Nudeln verteilen. Mit dem Sauerampfer und der Entenhaut bestreuen. Mit Parmesan, Pfeffer und etwas Olivenöl abrunden.

Kalbsfilet aus dem Trüffelsud

mit gerösteter Polenta

Zutaten für 2 Personen

2 Schalotten · 1 Karotte
1/8 Sellerieknolle
1 TL Butterschmalz
1 Schuss weißer Portwein
400 ml Gemüsebrühe
1 schwarzer Trüffel mit Einlegesud (im Döschen)
1 Thymianzweig
1 Lorbeerblatt
70 g Polenta
1 EL Butter · 1 Schuss Olivenöl
2 EL frisch geriebener Parmesan · Salz
6 Kalbsfiletmedaillons (à 40 g)
Pfeffer aus der Mühle

Schalotten und Karotte sowie Sellerie schälen und alles in sehr feine Würfel schneiden, in einen Topf mit dem Butterschmalz andünsten. Mit Portwein ablöschen, 100 ml Gemüsebrühe dazugeben und einmal aufkochen. Den Deckel darauf legen, den Topf vom Herd nehmen und das Gemüse gar ziehen lassen.

▼

Den Trüffel abtropfen lassen und 6 x 1 mm dünne Scheiben herunterschneiden. Den Rest des Trüffels in feine Würfel hacken und zusammen mit dem Sud zum Gemüse geben.

▼

Thymian waschen und trockentupfen. Für die Polenta die restliche Gemüsebrühe mit Lorbeerblatt und Thymian aufkochen. Die Polenta dazugeben, verrühren, erneut aufkochen lassen und bei kleiner Hitze etwa 15 Minuten quellen lassen. Dabei öfter umrühren, bis die Polenta die Konsistenz eines dicken Kartoffelpürees hat. Falls nötig, noch etwas Brühe hinzufügen oder noch etwas Polenta hineinstreuen, bis die gewünschte Konsistenz erreicht wird. Die Butter sowie das Olivenöl in die Polenta rühren und mit 1 EL Parmesan und Salz abschmecken.

▼

Zwei Tassen mit etwas Olivenöl einfetten, die Polenta hineinfüllen und bei Zimmertemperatur etwa 30 Minuten abkühlen lassen. Die Polenta auf ein Blech stürzen, mit dem restlichen Parmesan bestreuen und im Ofen bei 180 °C mit Grillfunktion gratinieren.

▼

In die Kalbsfiletmedaillons eine Tasche schneiden und jeweils mit einer Scheibe Trüffel füllen. Den Gemüse-Trüffel-Sud mit Salz und wenig Pfeffer abschmecken, aufkochen, die Kalbsfiletscheiben hineinlegen, sofort vom Herd nehmen und zugedeckt etwa 2 bis 4 Minuten rosa ziehen lassen. Zum Anrichten die geröstete Polenta in die Mitte eines tiefen Tellers geben und die Kalbsfiletscheiben darum herumlegen. Mit dem Sud sowie dem Gemüse beträufeln.

▸▸ Tipp

Statt des exklusiven und nicht gerade billigen Trüffels können Sie die Medaillons auch mit klein gehackten schwarzen Oliven füllen.

Kalbszungenlasagne
mit Auberginen

Zutaten für 2 Personen

2 Auberginen
1 EL Kapern · 1 Knoblauchzehe
2 Basilikumstiele
3 EL Aceto balsamico · 2 EL Olivenöl
1 EL Honig
Salz · Pfeffer aus der Mühle
1 TL brauner Zucker
4 Strauchtomaten
1 gekochte Kalbszunge (in 4 mm dünnen Scheiben)
1 Kugel Büffelmozzarella (125 g)
2 EL Semmelbrösel · 1 EL geriebener Parmesan

Den Backofen auf 180 °C (Umluft) vorheizen. Die Auberginen putzen, waschen und längs halbieren bzw. vierteln. Die Kerne entfernen und das Fruchtfleisch in grobe Würfel schneiden. Kapern grob hacken. Knoblauch schälen und in feine Scheiben schneiden. Basilikum waschen, trockenschütteln und mit Kapern, Knoblauch, Balsamico, Olivenöl, Honig und Auberginen mischen. Mit Salz und Pfeffer würzen, in eine Auflaufform geben und zugedeckt im Ofen 1 Stunde garen.

▼

Herausnehmen, abkühlen lassen, Basilikum entfernen und die Auberginen mit dem Stabmixer pürieren. Mit Zucker abschmecken. Tomaten waschen, in 4 mm dünne Scheiben schneiden. Die Hälfte der Kalbszunge in eine gefettete Auflaufform legen, die Hälfte des Auberginenpürees darauf streichen, die Hälfte der Tomaten darauf legen, mit Salz und Pfeffer würzen. Den Vorgang wiederholen. Mozzarella klein zupfen und darauf verteilen. Semmelbrösel und Parmesan mischen und darüber streuen. Mit Olivenöl beträufeln und bei 200 °C unter dem Backofengrill gratinieren.

Schweinerücken
im Bierdunst

Zutaten für 2 Personen

3 Dillzweige
1 Prise ganzer Kümmel
1 Schuss Bier
200 g Schweinerücken
Salz
1/2 Salatgurke
4 EL Schmand
1 TL roter Pfeffer

Zwei Bögen Alufolie auf DIN-A4-Größe zurechtschneiden und bei einem Bogen die Ränder nach oben falten. Die Dillzweige waschen, trockenschütteln und mit Kümmel sowie Bier in die Folie geben. In den zweiten Bogen Alufolie mit einem Messer kleine Löcher stoßen und die erste Folie damit abdecken. Die Ränder so verschließen, dass das Bier nicht auslaufen kann.

▼

Den Schweinerücken in 5 mm dicke Scheiben schneiden und leicht überlappend auf die gelöcherte Alufolie legen und mit Salz würzen. Die Gurke waschen und in dünne Scheiben schneiden. Das Fleisch vollständig damit belegen. Die Alufolie mitsamt Fleisch und Gurke auf einen Grill legen und etwa 10 Minuten grillen. Oder bei mittlerer Hitze in einer beschichteten Pfanne etwa 8 Minuten dämpfen. Durch die entstehende Hitze dringt das Aroma von Bier, Kümmel und Dill in das Schweinefleisch.

▼

Kurz vor dem Servieren den Schmand zusammen mit Salz und etwas rotem Pfeffer anrühren und großzügig über das Schweinefilet und die Gurken träufeln. Dazu passt der gegrillte Brotsalatspieß von Seite 103.

Koch doch.
Frische Fische

Heilbutt in der Folie

mit Paprika und Fenchel

Zutaten für 2 Personen

2 EL Olivenöl
2 Heilbuttfilets (à 120 g)
Salz · Pfeffer aus der Mühle
1 unbehandelte Zitrone
1/2 rote Paprikaschote
1/2 Fenchelknolle

Den Backofen auf 180 °C (Umluft) vorheizen. Zwei DIN-A4-große Bögen Alufolie mit etwas Olivenöl bestreichen. Die Heilbuttfilets in die Mitte geben. Mit Salz und Pfeffer würzen. Die Zitrone waschen, trockentupfen und in feine Streifen schneiden. Fächerartig auf die Heilbuttfilets legen. Die Paprika putzen, entkernen und waschen. Die Fenchelknolle putzen, waschen und beides in feine Streifen schneiden. Mit etwas Salz leicht würzen und auf dem Fisch verteilen. Mit dem restlichen Olivenöl beträufeln und die Alufolie über dem Fisch fest zusammenfalten.

▼

Das Fischpäckchen auf ein Backblech legen und im vorgeheizten Ofen etwa 12 Minuten garen. Auf einen Teller legen und die Päckchen erst am Tisch öffnen, sodass der aromatische Duft von Heilbutt und Gemüse den Raum erfüllt. Dazu passt Ciabatta-Brot.

Tipp

Wird der Fisch gegrillt, die untere Seite der Alufolie mit einem Messer durchlöchern, sodass das Aroma der Holzkohle in den Fisch eindringen kann.

Krosses Makrelenfilet

mit Kräuterspinat

Zutaten für 2 Personen

1/8 Sellerieknolle · Olivenöl
200 ml Gemüsebrühe
abgeriebene Schale von 1 unbehandelten Limette
Salz · Pfeffer aus der Mühle
2 Makrelenfilets (à 180 g) · 1 EL Mehl
1 Schalotte
3 Stiele glatte Petersilie · 4 Basilikumstiele
4 Rosmarinzweige · 1 Hand voll junger Spinat

Die Sellerieknolle schälen, in feine Würfel schneiden und in etwas Olivenöl kurz dünsten. Mit der Gemüsebrühe ablöschen und etwa 2 Minuten köcheln lassen. Mit Limettenschale, Salz, etwas Pfeffer und einem guten Schuss Olivenöl abschmecken. Die Vinaigrette beiseite stellen und etwas abkühlen lassen.

▼

Makrelenfilets falls nötig entgräten und auf der Hautseite mit einem scharfen Messer leicht einritzen. Die Hautseite mit Mehl bestäuben und in einer beschichteten Pfanne in etwas Olivenöl langsam bei kleiner Hitze auf der Hautseite kross braten. Den Fisch herausnehmen, mit der Fleischseite auf einen Teller legen und im Backofen bei 50 °C warm halten.

▼

Die Pfanne mit Küchenpapier ausreiben. Schalotte schälen und in feine Würfel schneiden. In etwas Olivenöl in der Pfanne andünsten. Petersilie, Basilikum und Rosmarin waschen, trockenschütteln und die Blätter bzw. Nadeln abzupfen und alles grob hacken. Spinat waschen, trockenschleudern und mit den Kräutern zur Schalotte geben, durchschwenken, mit Salz würzen und anrichten. Die Makrelenfilets darauf setzen und mit der Sellerievinaigrette beträufeln.

Kross gebratenes Zanderfilet

mit würzigem Lauchkompott

Zutaten für 2 Personen

2 Zanderfilets (à 120 g; mit Haut)
Salz · Pfeffer aus der Mühle
1 EL Mehl
2 EL Sonnenblumenöl
1 Kartoffel
1 Lauchstange
1 EL Butter
150 ml Gemüsebrühe
3 Stiele glatte Petersilie
1 TL Senf
1 TL Meerrettich
1 TL Kürbiskernöl
50 g feine Blutwurst

Das Zanderfilet auf der Hautseite leicht einritzen, mit Salz und Pfeffer würzen, mit Mehl bestäuben und im Sonnenblumenöl in einer beschichteten Pfanne auf der Hautseite bei kleiner bis mittlerer Hitze etwa 8 Minuten kross braten. Die Haut wird durch die geringe Hitze schön knusprig und braun und das Zanderfilet gart dabei ganz sanft.

▼

Die Kartoffel schälen, in feine Würfel schneiden und etwa 3 Minuten in kaltes Wasser legen, sodass etwas Stärke ausgespült wird. Abgießen und mit einem Küchentuch trockenreiben. Die Kartoffel in den letzten 3 Minuten der Zanderbratzeit mit in die Pfanne geben und goldbraun braten.

▼

Den Lauch putzen, in feine Ringe schneiden, gründlich waschen und in einem Topf mit der Butter glasig dünsten. Mit etwas Salz würzen und mit der Gemüsebrühe ablöschen. Zugedeckt etwa 4 Minuten bei mittlerer Hitze weich dünsten. Petersilie waschen, trockenschütteln und die Blätter abzupfen. Den Lauchsud in ein Sieb abgießen und auffangen. In einem hohen Gefäß mit Senf, Meerrettich, Petersilie und Kürbiskernöl mit dem Pürierstab sämig mixen.

▼

Die Blutwurst in sehr feine Würfel schneiden und kurz vor dem Servieren mit dem Lauch verrühren. Das Lauch-Blutwurst-Kompott in die Mitte der Teller anrichten, das Zanderfilet mit der krossen Haut nach oben darauf anrichten. Die Kartoffelcroûtons auf Küchenpapier kurz abtropfen lassen. Die Senf-Meerrettich-Emulsion darum herumträufeln und die Kartoffelcroûtons dekorativ darüber streuen.

Tipp

Für dieses Rezept können Sie auch Wallerfilet oder den mediterranen Wolfsbarsch nehmen.

Thunfisch-Vitello-tonnato im Kalbsmantel

mit Paprika-Zitronen-Sugo

Zutaten für 2 Personen

2 rote Paprikaschoten
3 EL Olivenöl
1 Zitrone
1 Rosmarinzweig
1 1/2 Knoblauchzehen
Salz
2 Kalbsrückenscheiben (à 100 g; vom Metzger 2 mm dünn plattieren lassen)
Pfeffer aus der Mühle
2 Stiele glatte Petersilie
1 TL Kapern
1 dickes Thunfischsteak (200 g)

Den Backofen auf 180 °C vorheizen. Die Paprika vierteln, entkernen, waschen und mit der Hautseite nach oben auf ein Backblech legen. Mit 1 EL Olivenöl bestreichen und unter dem Backofengrill so lange garen, bis die Haut dunkle Blasen wirft. Die Haut abziehen und das Paprikafleisch in feine Würfel schneiden.

▼

Die Zitrone mit einem Messer so schälen, dass die weiße Haut mit entfernt wird. Die Filets herausschneiden und grob hacken. Rosmarinzweig waschen, trockentupfen und die Nadeln abstreifen. Ebenfalls hacken. 1 Knoblauchzehe in der Schale andrücken. 1 EL Olivenöl erhitzen, Paprika, Rosmarin, Zitrone und Knoblauchzehe dazugeben und bei mittlerer Hitze 7 Minuten schmoren. Mit Salz abschmecken.

▼

Die Kalbsrückenscheiben auf die Arbeitsfläche legen, mit Salz und reichlich Pfeffer würzen. Die Petersilie waschen, trockenschütteln, die Blätter abzupfen und fein hacken. Die Kapern abtropfen lassen und fein hacken. Die 1/2 Knoblauchzehe schälen und in feine Scheiben schneiden. Die Kalbsrückenscheiben mit Petersilie, Kapern und Knoblauchzehe bestreuen.

▼

Das Thunfischsteak der Länge nach halbieren. Jeweils ein Thunfischstück in die Kalbsrückenscheiben wickeln. 1 EL Olivenöl erhitzen und die Rouladen darin bei mittlerer Hitze von allen Seiten jeweils 1 Minute braten. Aus der Pfanne nehmen, auf einem Teller noch 2 Minuten im Ofen bei 70 °C ruhen lassen. In fingerdicke Scheiben schneiden und auf dem Paprika-Zitronen-Sugo anrichten. Als Beilage empfiehlt sich Ciabatta-Brot.

▸▸ Tipp

Wichtig bei dieser Art des Vitello tonnato ist, dass der Thunfisch in der Mitte schön glasig ist, d.h., er sollte lauwarm sein, aber noch nicht durch. Nur so schmeckt Thunfisch am besten.
Durch den Kalbsrückenmantel kann man die Rouladen sehr heiß anbraten, d.h., außen entstehen Röststoffe, aber die Hitze verteilt sich nur langsam im Thunfisch, sodass er glasig wird.

Forellenfilet

mit geschmortem Salat

Zutaten für 2 Personen

1–2 EL Butter · 2 Dillstiele
2 Forellenfilets (à 120 g; mit Haut)
Salz · Pfeffer aus der Mühle
Saft von 1/2 Zitrone
1 Schuss Weißwein · 2 EL Schmand
4 kleine Salatherzen
1 Schalotte
100 ml Gemüsebrühe
4 Scheiben Speck
Mehl · 1 Ei
3 EL Semmelbrösel · 1 EL Butterschmalz

Den Backofen auf 95 °C vorheizen. Eine Auflaufform mit 1/2 EL Butter einfetten. Dill waschen und trockenschütteln, in die Form geben. Die Forellenfilets mit Salz und Pfeffer würzen. Mit der Hautseite nach oben auf den Dill legen, mit Zitronensaft beträufeln und Weißwein dazugießen. Im Ofen 12 bis 15 Minuten pochieren. Herausnehmen und die Haut abziehen.

▼

Den Pochierfond mit Schmand verrühren, salzen und pfeffern. Die Salatherzen waschen und längs halbieren. Die Schalotte schälen und in Streifen schneiden. Mit den Salatherzen in 1 TL Butter anbraten, die Brühe dazugießen, mit etwas Salz würzen und zugedeckt bei mittlerer Hitze 5 Minuten schmoren.

▼

Den Speck wie Schnitzel mit Mehl, verquirltem Ei und Semmelbröseln panieren und portionsweise im heißen Butterschmalz von beiden Seiten kross braten. Die Salatherzen und das Forellenfilet auf Teller verteilen, mit der Schmandsauce beträufeln und die Speckschnitzel darüber legen.

Gebratener Lachs

mit Spaghettisalat und Meerrettich

Zutaten für 2 Personen

2 Lachsfilets (ca. 150 g; ohne Haut und Gräten)
Salz · Pfeffer aus der Mühle
1 EL Mehl
Olivenöl
160 g Spaghetti
2 EL saure Sahne
1 Prise Safranfäden
frischer Meerrettich
Schnittlauchhalme

Den Lachs mit Salz und wenig Pfeffer würzen. Auf einer Seite mit Mehl dünn bestäuben und in einer beschichteten Pfanne in wenig Olivenöl bei kleiner bis mittlerer Hitze auf der mit Mehl bestäubten Seite etwa 8 Minuten kross braten. Wichtig ist, dass die Hitze nicht zu stark ist, denn nur so entsteht eine krosse Bratschicht und gleichzeitig kann der restliche Fisch ganz langsam glasig garen.

▼

Die Spaghetti in kochendem Salzwasser bissfest garen, abgießen und in eine Schüssel geben. Saure Sahne und Safran unter die heißen Spaghetti rühren. Durch die Resthitze entfaltet der Safran sein volles Aroma und die saure Sahne verbindet sich mit den Spaghetti. Mit Salz leicht würzen, falls nötig, mit 1 Prise Pfeffer abrunden.

▼

Die Spaghetti mit einer Gabel leicht aufrollen und auf Teller geben. Den Lachs dazulegen, mit frisch geriebenem Meerrettich sowie ein paar Schnittlauchhalmen dekorieren.

Saltimbocca vom Rotbarsch

mit Haselnussrisotto

Zutaten für 2 Personen

Für den Risotto:
1 Schalotte · 1 EL Butter
150 g Risottoreis
Salz · Pfeffer aus der Mühle
100 ml trockener Weißwein
3 Thymianzweige
1 Knoblauchzehe
1 Lorbeerblatt
300 ml Gemüsebrühe
1 1/2 EL kalte Butter
1 EL Parmesan
60 g geröstete Haselnüsse
Für den Rotbarsch:
4 dünne Rotbarschfilets (à 80 g)
Salz · Pfeffer aus der Mühle
4 Salbeiblätter
4 Scheiben Parmaschinken
Mehl · Olivenöl
1 Knoblauchzehe

Die Schalotte schälen, in feine Würfel schneiden und in der Butter andünsten. Den Risottoreis dazugeben, mit Salz und Pfeffer würzen, kurz anschwitzen, mit Weißwein ablöschen, vom Herd nehmen und zugedeckt 5 Minuten quellen lassen.

▼

Die Thymianzweige waschen, trockenschütteln und die Blätter abzupfen. Zusammen mit der angedrückten Knoblauchzehe, dem Lorbeerblatt und der Gemüsebrühe aufkochen. Nach und nach bei mittlerer Hitze zum Risotto geben und unter ständigem Rühren 14 bis 15 Minuten bissfest garen. Die kalte Butter, den Parmesan sowie die gerösteten Haselnüsse unterrühren, sodass eine cremige Konsistenz entsteht.

▼

Die Rotbarschfilets mit Salz und Pfeffer würzen. Die Salbeiblätter waschen und trockentupfen. Den Fisch auf der Hautseite mit Salbeiblättern und Parmaschinken belegen und jeweils mit einem Zahnstocher feststecken. Den Fisch auf der Schinkenseite mit Mehl bestäuben. Etwas Olivenöl erhitzen und die Fischfilets mit der Mehlseite nach unten in einer Pfanne mit der angedrückten Knoblauchzehe bei mittlerer Hitze 2 Minuten braten.

▼

Der Parmaschinken sollte leicht knusprig werden und das Rotbarschfilet etwas Farbe annehmen. Das Rotbarschfischfilet wenden und nochmal 30 bis 60 Sekunden braten. Den Haselnussrisotto auf Tellern anrichten, die Rotbarschfilets aus der Pfanne nehmen und darauf setzen.

Tipp

Zu dieser Art der Fischzubereitung passt statt des Risottos auch Pasta mit einer kräftig gewürzten Sauce (z. B. Penne arrabiata).

Gebackener Kabeljau

in Wodkateig mit Limettencreme

Zutaten für 2 Personen

250 g Kabeljaufilet
1/2 TL getrocknete Chiliflakes
2 EL Speisestärke · 2 EL Mehl · Salz
1 guter Schuss kalter Wodka
Butterschmalz zum Backen
4 EL Crème fraîche
Saft und abgeriebene Schale von 1 unbehandelten Limette
1/4 Bund Schnittlauch

Das Kabeljaufilet in daumengroße Stücke schneiden. Für den Teig Chiliflakes, Stärke, Mehl, 1 Prise Salz, 5 EL kaltes Wasser und Wodka sämig verrühren. Ist der Teig zu flüssig, noch etwas Stärke und Mehl im Verhältnis 1:1 unterrühren. Ist der Teig zu zäh, noch etwas kaltes Wasser oder Wodka unterrühren. Die Kabeljaustücke durch den Teig ziehen und im heißen Butterschmalz ausbacken. Der Teig ist eine Abwandlung des asiatischen Tempurateigs. Er wird beim Frittieren nicht goldbraun, sondern bleibt hell, ist aber dünn und knusprig.

▼

Den Kabeljau auf Küchenpapier kurz abtropfen lassen. Crème fraîche mit Limettensaft und -schale nach Belieben sowie 1 Prise Salz verrühren. Den Schnittlauch waschen, trockenschütteln und in etwa 1 1/2 bis 2 cm lange Röllchen schneiden. Den Kabeljau in eine tiefe, vorgewärmte Schale geben, die Crème fraîche darüber träufeln und mit dem Schnittlauch bestreuen.

Gebratener Kabeljau

mit Croûtonkruste und Spitzkohl

Zutaten für 2 Personen

1/2 Zwiebel
1/4 Kopf Spitzkohl
3 EL Butterschmalz
150 ml Weißwein · 200 ml Gemüsebrühe
1 TL Senf · 1 Prise ganzer Kümmel · Salz
4 Scheiben Toastbrot · 1 Ei
2 Kabeljaufilets (à 130 g)
Pfeffer aus der Mühle · 1 EL Mehl
4 Radieschen

Die Zwiebel schälen und in feine Streifen schneiden. Vom Spitzkohl den Strunk entfernen und den Spitzkohl in sehr feine Streifen schneiden. Waschen und abtropfen lassen. Zwiebel und Kohl in einem flachen Topf oder Bräter in 1 EL Butterschmalz glasig dünsten. Mit dem Weißwein ablöschen, Gemüsebrühe dazugießen und Senf, Kümmel und etwas Salz dazugeben. Zugedeckt 6 Minuten bei mittlerer Hitze bissfest garen.

▼

Das Toastbrot entrinden und in Würfel schneiden. Das Ei verquirlen. Die Kabeljaufilets von beiden Seiten mit Salz und Pfeffer würzen. Filets von einer Seite mit Mehl bestäuben und in das Ei legen. Die Eiseite auf die Toastbrotwürfel drücken, sodass eine Panade entsteht. Bei mittlerer Hitze in 2 EL Butterschmalz in einer beschichteten Pfanne auf der panierten Seite etwa 3 bis 4 Minuten braten, bis die Filets hellbraun und kross sind. Die Kabeljaufilets aus der Pfanne nehmen. Das Butterschmalz abgießen und die Filets von der anderen Seite nochmal 1 bis 2 Minuten langsam braten. Den Spitzkohl mit Sud in zwei tiefe Teller verteilen, die Kabeljaufilets mit der Kruste nach oben darauf legen und die Radieschen darüber hobeln.

Seeteufel aus der Rotweinbeize

mit Artischocken und Pennette

Zutaten für 2 Personen

2 rote Zwiebeln
6 Seeteufelmedaillons (à 60 g)
1/2 Bund Thymian
2 Knoblauchzehen
Pfeffer aus der Mühle
1 Lorbeerblatt
50 ml Rotweinessig
400 ml kräftiger trockener Rotwein
Salz · Mehl
1 Rosmarinzweig
10 Cocktailtomaten
1–2 EL Olivenöl
1 große Artischocke
2 Schalotten
1 Schuss Weißwein
350 ml Gemüsebrühe
1–2 TL Speisestärke
120 g Pennette

Die Zwiebeln schälen und in feine Würfel schneiden. Die Seeteufelmedaillons in eine nicht zu große Auflaufform geben. Thymian waschen und trockenschütteln. Zwiebelwürfel, angedrückte Knoblauchzehen, grob gemahlenen schwarzen Pfeffer, Lorbeerblatt, Thymian sowie Rotweinessig und Rotwein zum Seeteufel geben, sodass der Fisch komplett mit Rotwein bedeckt ist. Mit Frischhaltefolie abdecken und über Nacht im Kühlschrank beizen.

▼

Den Seeteufel aus der Marinade nehmen und trockentupfen. Die Marinade in einem Topf auf etwa ein Viertel einkochen lassen und mit etwas Salz würzen. Die Medaillons an der Schnittfläche leicht mit Mehl bestäuben und in einer beschichteten Pfanne von beiden Seiten anbraten. Den heißen, aber nicht mehr kochenden Rotweinfond dazugeben und den Seeteufel etwa 4 bis 5 Minuten glasig pochieren.

▼

Den Backofen auf 180 °C vorheizen. Rosmarin waschen, trockenschütteln und die Nadeln abzupfen. Die Cocktailtomaten waschen, trockentupfen und mit dem Rosmarin und etwas Olivenöl in einem kleinen Topf im Ofen etwa 6 bis 7 Minuten garen.

▼

Von der Artischocke den Stiel abtrennen. Die Hüllblätter zu zwei Dritteln abschneiden. Die verbleibenden Hüllblätter rund um den Artischockenboden abschneiden. Das »Heu« mit einem Teelöffel auslösen. Den Artischockenboden in Scheiben schneiden. Schalotten schälen und in Würfel schneiden. Artischocken und Schalotten in 1 EL Olivenöl anbraten. Mit Weißwein ablöschen, mit Gemüsebrühe auffüllen und zugedeckt etwa 3 Minuten gar köcheln. Etwas Speisestärke unterrühren, damit der Fond leicht sämig wird.

▼

Die Pennette nach Packungsanweisung in reichlich Salzwasser bissfest garen, abgießen und noch heiß zum Artischockensud geben, sodass die Nudeln das Aroma der Artischocke aufnehmen können. Das Artischocken-Nudel-Ragout mit der Sauce in die Mitte der Teller geben, die Seeteufelmedaillons dazulegen und mit den Cocktailtomaten dekorieren. Den Rotwein-Pochiersud durch ein Sieb gießen, erneut aufkochen, mit etwas Speisestärke binden und über die Seeteufelmedaillons träufeln.

Saiblingsroulade im Garnelensud

mit Basilikum und Farfalle

Zutaten für 2 Personen

8 Riesengarnelen (Seawater-Qualität; in 8/12er-Größe)
2 Schalotten
Olivenöl
1 EL Tomatenmark
200 ml Weißwein
400 ml Gemüsebrühe
2 Knoblauchzehen
2 frische Tomaten
Salz · Pfeffer aus der Mühle
80 g Farfalle
4 Basilikumstiele
2 Saiblingsfilets (à 180 g)
2 EL flüssige Butter

Die Riesengarnelen schälen, die Schalen waschen und beiseite legen. Von den Garnelen den Darm entfernen, die Garnelen waschen und in Würfel bzw. Stücke schneiden. Die Schalotten schälen, in grobe Streifen schneiden und in 1 EL Olivenöl andünsten. Garnelenschalen dazugeben und anbraten. Das Tomatenmark hinzufügen und kurz anschwitzen. Garnelenschalen mit Weißwein und Brühe ablöschen.

▼

Knoblauchzehen andrücken. Die Tomaten waschen und klein schneiden. Tomaten und Knoblauch zu den Garnelenschalen geben, aufkochen lassen und zugedeckt 20 Minuten bei mittlerer Hitze leicht köcheln lassen. Anschließend durch ein feines Sieb streichen und mit Salz und Pfeffer abschmecken. Das Garnelenfleisch in einer Pfanne in etwas Olivenöl rasch anbraten und in den noch warmen Sud geben.

Die Farfalle nach Packungsanweisung in reichlich Salzwasser bissfest garen, abgießen und sofort in den Sud geben.

▼

Den Backofen auf 85 °C vorheizen. Das Basilikum waschen, trockenschütteln und die Blätter abzupfen. Die Saiblingsfilets mit der Hautseite nach oben legen und mit etwas Salz würzen. Die Hautseite mit der Hälfte der Basilikumblätter belegen und die Filets vom Kopf her wie eine Roulade vorsichtig aufrollen. Die andere Hälfte der Basilikumblätter in feine Streifen schneiden und zum Garnelensud geben. Zwei Bögen Alufolie mit flüssiger Butter einfetten und die Saiblingsfilets darin einzeln einrollen. Die Enden fest zusammendrücken.

▼

Die Rouladen im vorgeheizten Backofen 30 Minuten glasig garen. Kurz vor dem Servieren den Sud mit den Garnelen und den Nudeln erneut aufkochen, die Rouladen aus der Folie wickeln, mit einem scharfen Messer halbieren, in tiefe Teller setzen und mit dem heißen Riesengarnelensud übergießen.

Tipp

Der Garnelensud ist auch eine perfekte Pastasauce, wenn Sie noch Tomatenwürfel unterrühren.

Waller
in Pergamentpapier

Zutaten für 2 Personen

1 TL Butter
2 Stiele glatte Petersilie
4 Rosmarinzweige
2 Lorbeerblätter
8 Wacholderbeeren
abgeriebene Schale von 1/2 unbehandelten Zitrone
4 Wallerfilets (à 80 g)
Salz · Pfeffer aus der Mühle
1 Eiweiß
1 Stück frischer Meerrettich

Den Backofen auf 160 °C vorheizen. Eine Auflaufform mit Butter einfetten. Petersilie und Rosmarin waschen und trockenschütteln. Petersilienblätter abzupfen und mit Lorbeerblättern, Rosmarin, angedrückten Wacholderbeeren sowie Zitronenschale in die Auflaufform geben. Wallerfilets mit Salz und Pfeffer würzen und darauf legen. Ein Stück Pergamentpapier etwa 2 cm größer als die Auflaufform zurechtschneiden, den Rand mit Eiweiß bestreichen und die Auflaufform damit gut abdecken. Den Fisch etwa 17 bis 20 Minuten im Backofen garen.

▼

Zum Servieren mit einem scharfen Messer am Rand der Auflaufform entlangschneiden; die Pergamenthülle abheben. Der Duft von Kräutern, Zitrone und dem aromatischen Wallerfilet verteilt sich im ganzen Raum. Mit frischem gehobeltem oder geraspeltem Meerrettich bestreuen und das saure Wurzelgemüse von Seite 100 dazu servieren.

Riesengarnelen
im Schweinebratenmantel

Zutaten für 2 Personen

12 Riesengarnelen (Seawater-Qualität; 8/12er-Größe)
12 dünne Scheiben roher Schweinebauch (3 mm dick)
Salz
1/2 EL Butterschmalz
1 1/2 EL Butter
Zucker
14 Kümmelsamen
1 Gurke
1 Schuss Gemüsebrühe
3 EL Crème fraîche
Salz · Pfeffer aus der Mühle

Die Riesengarnelen schälen und den Darm entfernen. Die Garnelen waschen und trockentupfen. Jeweils in eine Scheibe Schweinebauch wickeln, mit Salz würzen und in einer Pfanne im heißen Butterschmalz von jeder Seite etwa 2 Minuten leicht braun braten. 1 EL Butter dazugeben und leicht aufschäumen lassen. Mit 1 Prise Zucker und den Kümmelsamen bestreuen und nochmal 30 Sekunden in der Butter braten, sodass der Kümmel sich entfalten kann und der Zucker leicht karamellisiert.

▼

Die Gurke schälen, der Länge nach vierteln, entkernen und schräg in Stücke schneiden. Etwas Butter in eine Pfanne kurz durchschwenken, mit Brühe ablöschen und die Gurke 2 bis 3 Minuten darin dünsten. Die Crème fraîche sowie Salz und reichlich grob gemahlenen schwarzen Pfeffer dazugeben. Die Pfeffergurken auf Teller verteilen und mit den Riesengarnelen dekorativ belegen.

Koch doch.

Geflügel & Fleisch

Perlhuhnbrust

mit Süßkartoffelstampf

Zutaten für 2 Personen

1 Zwiebel · 1 EL Butter
1 Schuss Weißwein · 200 ml Brühe
6 Korianderkörner · 1 Scheibe Ingwer
2–3 Süßkartoffeln · Salz
2 Perlhuhnbrüste
Pfeffer aus der Mühle
1 EL Olivenöl
2 Estragonstiele
1–2 EL Haselnussöl
1 Msp. Currypulver · 4 EL geröstete Cashewkerne

Die Zwiebel schälen, in feine Streifen schneiden und in 1/2 EL Butter andünsten. Mit Weißwein und Brühe aufgießen, Korianderkörner sowie Ingwer dazugeben. Zugedeckt 6 Minuten bei kleiner Hitze köcheln bzw. ziehen lassen. Durch ein Sieb gießen. Süßkartoffeln waschen und in Salzwasser weich garen. Ausdampfen lassen, pellen und mit einer Gabel zerdrücken.

▼

Den Backofen auf 130 °C (Umluft) vorheizen. Die Perlhuhnbrüste waschen, trockentupfen und mit Salz und Pfeffer würzen. Im Olivenöl von beiden Seiten jeweils 1 Minute anbraten. Estragon waschen, trockenschütteln, dazugeben und die Perlhuhnbrüste mit der Hautseite nach oben 8 bis 12 Minuten im Ofen weitergaren. 1 EL Süßkartoffelbrei in den Zwiebelsud geben, Nussöl hinzufügen und mit dem Pürierstab mixen. Mit Salz würzen. Die restliche Butter aufschäumen, Curry dazugeben, erwärmen, die Süßkartoffeln hinzufügen und noch einmal erwärmen. Mit Salz abschmecken, die Cashewkerne unterrühren und auf Teller verteilen. Die Ölemulsion darum gießen, die Perlhuhnbrüste in dünne Scheiben schneiden und darauf legen.

Maishähnchenbrust

mit Radicchio-Orecchiette

Zutaten für 2 Personen

2 Maishähnchenbrüste (ohne Haut)
Salz · Pfeffer aus der Mühle
1 EL Olivenöl
1 EL Honig · 100 ml Portwein
100 ml Gemüsebrühe · 1–2 EL Aceto balsamico
2 Rosmarinzweige
1 1/2 EL Butter · 2 EL Rosinen
1/2 Kopf Radicchio
1 TL brauner Zucker
1/2 Knoblauchzehe
140 g Orecchiette

Die Hähnchenbrüste waschen, trockentupfen und in 2 x 2 cm große Würfel schneiden. Mit Salz und Pfeffer würzen und im Olivenöl anbraten, herausnehmen. Honig in der Pfanne karamellisieren lassen und mit der Hälfte des Portweins und der Gemüsebrühe sowie Balsamico ablöschen. Rosmarin waschen, trockentupfen und die Nadeln abzupfen. 1/2 EL Butter, Rosinen und Rosmarin hinzufügen. Hähnchenbrust zurück in die Pfanne geben und den Fond 2 bis 3 Minuten sämig einkochen lassen. Salzen und pfeffern.

▼

Radicchio halbieren, den Strunk entfernen, den Salat in feine Streifen schneiden und in lauwarmem Wasser waschen. 1 EL Butter mit Zucker zerlassen, mit dem restlichen Portwein und der Gemüsebrühe ablöschen. Auf die Hälfte einkochen lassen, angedrückten Knoblauch und Radicchio dazugeben, mit Salz würzen und etwa 2 Minuten bei kleiner Hitze garen. Orecchiette in Salzwasser bissfest garen, abgießen, abtropfen lassen und unter den Radicchio mischen. Die Hähnchenbrüste auf dem Radicchio anrichten.

Hähnchenkeulen
mit Schalotten

Zutaten für 2–4 Personen

4 Hähnchenkeulen
3 Knoblauchzehen
14 Schalotten
2 Karotten
3 EL Olivenöl
Meersalz · Pfeffer aus der Mühle
12 Cocktailtomaten
1/2 Bund Oregano
3 EL geriebener Pecorino

Die Hähnchenkeulen waschen, trockentupfen und im Gelenk zerteilen. Die Knoblauchzehen andrücken. Die Schalotten schälen und ganz lassen bzw. größere halbieren, sodass alle ungefähr gleich groß sind. Die Karotten schälen, der Länge nach halbieren und schräg in Stücke schneiden, die etwa der Größe der Schalotten entsprechen.

▼

Den Backofen auf 210 °C (Umluft) vorheizen. Den Grill dazuschalten. Fleisch, Knoblauch und Karotten mit Olivenöl, 1 guten Prise Meersalz sowie grob gemahlenem Pfeffer in den Bräter geben und gut vermischen. Im Ofen 28 Minuten garen. Es ist wichtig, dass die Hähnchenkeulen mit der Hautseite nach oben auf dem Gemüse liegen.

▼

Die Cocktailtomaten waschen und halbieren. Den Oregano waschen, trockenschütteln und die Blätter abzupfen. Tomaten und Oregano zu den Hähnchenkeulen geben und verrühren. Mit dem Pecorino gleichmäßig bestreuen und weitere 5 Minuten im Ofen garen. Herausnehmen und sofort servieren.

Hähnchenkeulen
mit Ingwer und Joghurt

Zutaten für 2–4 Personen

3–4 Hähnchenkeulen
Salz · Pfeffer aus der Mühle
2 EL Olivenöl
2 Zwiebeln
200 ml Gemüsebrühe
2 Knoblauchzehen
1 kleines Stück Ingwer
350 g griechischer Joghurt
5 Zitronenmelissestiele

Die Hähnchenkeulen waschen und trockentupfen. Enthäuten und im Gelenk zerteilen. Mit Salz und Pfeffer würzen und im Bräter im Olivenöl von allen Seiten anbraten. Die Zwiebeln schälen und in Streifen schneiden. Zu den Hähnchenkeulen geben und mitbraten. Es dürfen sich braune Röststoffe am Topfboden bilden. Mit der Gemüsebrühe ablöschen.

▼

Den Backofen auf 190 °C vorheizen. Knoblauch und Ingwer schälen, Ingwer in Scheiben schneiden. Knoblauch andrücken und mit 3 bis 5 Ingwerscheiben und Joghurt zu den Hähnchenkeulen geben, mit Salz würzen und zugedeckt 35 Minuten im Ofen schmoren. Die Hähnchenkeulen herausnehmen. Die Sauce mit dem Pürierstab fein mixen, sodass sie sämig ist, erneut abschmecken und aufkochen.

▼

Die Hähnchenkeulen auf eine Platte oder Teller geben und mit der Ingwer-Joghurt-Sauce übergießen. Zitronenmelisse waschen, trockenschütteln und darüber streuen. Dazu Ciabatta-Brot und das Curry-Gurkengemüse von Seite 103 servieren.

Mit Morcheln gefüllte Putenbrust

in Pergamentpapier

Zutaten für 3–5 Personen

15 getrocknete Morcheln
100 ml trockener Sherry
2 Zwiebeln
1 Chilischote
8 getrocknete Tomaten
2 Knoblauchzehen
1 Putenbrust (600–700 g)
Salz · Pfeffer aus der Mühle
Olivenöl
3 Estragonstiele
6 Stiele glatte Petersilie
Meersalz
80 ml Olivenöl
1/2 TL Speisestärke

Die Morcheln im Sherry etwa 10 Minuten einweichen. Die Zwiebeln schälen und in feine Streifen schneiden. Die Chilischote halbieren, entkernen und waschen. Die Tomaten in feine Streifen schneiden. Die Knoblauchzehen schälen und in feine Scheiben schneiden. Die eingeweichten Morcheln gut ausdrücken, den Sherry aufbewahren.

▼

In die Putenbrust mit einem dünnen langen Messer bis etwa in die Mitte des Fleisches mehrere kleine Taschen schneiden und die Morcheln mithilfe eines kleinen Löffelstiels in die Taschen füllen. Die Putenbrust salzen, pfeffern und in einer großen Pfanne mit Olivenöl von allen Seiten gut braun anbraten.

▼

Den Backofen auf 180 °C (Umluft) vorheizen. Ein großes Stück Pergamentpapier ausbreiten. Estragon und Petersilie waschen und trockenschütteln. Die Petersilienblätter abzupfen. Knoblauch, Tomaten, Zwiebeln, Chili sowie Estragon auf das Pergamentpapier geben und die Putenbrust darauf legen. Alles locker in das Pergamentpapier wickeln. Die Enden mit Küchengarn zusammenbinden, sodass kein Dampf entweichen kann. Die Putenbrust 15 Minuten im Ofen garen, anschließend die Temperatur auf 120 °C herunterschalten und die Putenbrust weitere 25 Minuten langsam garen.

▼

Die Petersilienblätter mit etwas Meersalz und dem Olivenöl mit dem Pürierstab fein mixen. Den Putenbraten aus dem Ofen nehmen und noch 5 Minuten ziehen bzw. ruhen lassen. Das Pergamentpapier öffnen, den Braten auf einen Teller geben und abgedeckt im Ofen warm halten. Den entstandenen Fleischsaft mit dem Gemüse und dem Sherry in einen kleinen Topf geben, falls nötig, noch etwas Brühe dazugeben, aufkochen, durch ein Sieb streichen und die Sauce mit etwas Stärke leicht sämig binden.

▼

Die Putenbrust mit einem langen scharfen Messer in feine Scheiben schneiden, auf eine Platte legen, mit der Sauce das Fleisch glasieren und mit dem aromatischen Petersilienöl beträufeln. Wunderbar passen hierzu die Blätterteigtaschen mit Spinat von Seite 108.

Entenbrust

mit Dörrobst-Oliven-Kompott

Zutaten für 2 Personen

2 Entenbrüste (à 200 g)
Salz · Pfeffer aus der Mühle
1–2 EL Olivenöl
1 Zwiebel
50 ml Rotwein
1 EL Aceto balsamico
3 Estragonstiele
100 ml Gemüsebrühe
12 getrocknete Pflaumen
12 getrocknete Aprikosen
3 getrocknete Apfelscheiben
1 Scheibe geschälter Ingwer
1 EL Olivenpaste

Den Backofen auf 90 °C vorheizen. Die Entenbrüste waschen und trockentupfen. Die Haut mit einem scharfen Messer dünn einschneiden, die Entenbrust auf beiden Seiten mit Salz und Pfeffer würzen und in einer Pfanne in 1 EL Olivenöl auf der Fleischseite 30 Sekunden bei mittlerer Hitze anbraten, wenden und 60 Sekunden auf der Hautseite anbraten. Erneut wenden und wiederum 30 Sekunden auf der Fleischseite und 90 Sekunden auf der Hautseite braten, sodass diese langsam braun und kross wird. Die Entenbrüste auf den Backofenrost legen und 30 bis 40 Minuten rosa garen.

▼

Die Zwiebel schälen, in feine Würfel schneiden und in etwas Olivenöl andünsten. Mit dem Rotwein und dem Balsamico ablöschen. Estragonstiele waschen und trockenschütteln. Gemüsebrühe und Estragon dazugeben und einmal aufkochen lassen.

Pflaumen, Aprikosen und Apfel in kleine Würfel schneiden und mit dem Ingwer in den kochenden Rotwein-Zwiebel-Sud geben, einen Deckel darauf setzen, beiseite stellen und 10 Minuten quellen lassen. Mit Salz und schwarzem Pfeffer kräftig abschmecken und die Olivenpaste einrühren.

▼

Zum Anrichten das warme Dörrobst-Oliven-Kompott auf Teller geben, die Entenbrust in dünne Scheiben schneiden und darauf legen. Als Beilage empfiehlt sich der Zitronenweizen von Seite 99.

▸▸ Tipp

Das Dörrobst-Oliven-Kompott passt auch perfekt zu geräuchertem Geflügel oder kaltem Braten. Auch als Gastgeschenk für gute Freunde ist es ein ideales Mitbringsel.

Entenbrust im Rotwein-Kräuter-Sud

mit gebackenem Blumenkohl

Zutaten für 2 Personen

3 rote Zwiebeln
1 EL Butterschmalz
350 ml trockener Rotwein
200 ml Gemüsebrühe
1/3 Bund Thymian
1/3 Bund Rosmarin
Salz
2 Lorbeerblätter
1 Zimtstange
1/2 TL Pfefferkörner
1 TL Wacholderbeeren
2 Entenbrüste (à 180 g)
Pfeffer aus der Mühle
1/2 Kopf Blumenkohl (nur die Röschen)
1 EL Butter

Die Zwiebeln schälen, halbieren und in breite Streifen schneiden. Im Butterschmalz andünsten und mit Rotwein ablöschen. Um die Hälfte einkochen lassen und die Gemüsebrühe dazugeben. Thymian und Rosmarin waschen und trockenschütteln. Den Sud mit Salz würzen und Lorbeerblätter, Thymian, Rosmarin, Zimtstange, Pfefferkörner und die angedrückten Wacholderbeeren dazugeben.

▼

Die Entenbrüste waschen und trockentupfen. Vorsichtig mit einem Messer die Haut ablösen. Die Haut in feine Würfel schneiden. Die Entenbrüste salzen und pfeffern. Den Rotwein-Kräuter-Sud erneut aufkochen und die Entenbrüste hineinlegen. Von der Kochstelle nehmen und die Entenbrüste etwa 7 bis 9 Minuten im Fond nur noch ziehen lassen bzw. pochieren.

Blumenkohl waschen und gut abtropfen lassen. Die Blumenkohlröschen in der Butter leicht braun anbraten. Die in Würfel geschnittene Entenhaut dazugeben, mit etwas Salz würzen und nochmal etwa 2 Minuten braten. Die Entenhaut soll knusprig sein und die Blumenkohlröschen von allen Seiten braun gebraten. Zum Schluss noch etwas Butter hinzufügen, einmal aufschäumen lassen und den Blumenkohl auf einem Teller mit Küchenpapier gut abtropfen lassen.

▼

Zum Anrichten den Blumenkohl auf Teller verteilen. Die Entenbrust aus dem Sud nehmen und in feine Scheiben schneiden, dekorativ zum Blumenkohl legen. Den Sud durch ein Sieb gießen. Die roten Zwiebeln auf die Teller verteilen und 1 bis 2 EL Kräutersud über die Entenbrust träufeln.

Tipp

Die in diesem Rezept nicht verwendeten Blumenkohlstiele lassen sich z.B. für die Blumenkohlcreme von Seite 26 mit verwenden.

Entenkeulen

mit Zimt und Austernpilzen

Zutaten für 2 Personen

2 Entenkeulen
Salz · Pfeffer aus der Mühle
500 ml Olivenöl
1 Rosmarinzweig
4 Zimtstangen
1 Sternanis
10 Austernpilze
1 Knoblauchzehe
1/2 Bund krause Petersilie

Den Backofen auf 150 °C vorheizen. Die Entenkeulen waschen, trockentupfen und mit Salz und Pfeffer würzen. In 1 EL Olivenöl von jeder Seite 1 Minute anbraten. Rosmarin waschen und trockenschütteln. Die Entenkeulen in eine Auflaufform geben, Zimtstangen, Rosmarin und Sternanis dazugeben und mit dem restlichen Olivenöl bedecken. Die Form mit Alufolie abdecken und die Keulen im Ofen 20 Minuten garen. Die Hitze auf 95 °C herunterschalten und die Entenkeulen 3 Stunden langsam schmoren.

▼

Die Entenkeulen aus dem Olivenöl nehmen und das Öl durch ein Sieb gießen. Beiseite stellen. Von den Entenkeulen die Haut abziehen und das Entenfleisch vorsichtig vom Knochen lösen, sodass das Fleisch noch in möglichst großen Segmenten zusammenbleibt. Das Entenfleisch auf einen Teller legen, mit Alufolie abdecken und im Ofen bei 80 °C warm halten.

Die Austernpilze trocken abreiben und in feine Streifen schneiden. Die Pilze in etwas Entenschmoröl mit der angedrückten Knoblauchzehe bei mittlerer Hitze langsam kross braten. Mit Salz würzen. Die Petersilie waschen, trockenschütteln und fein hacken. Unter die Austernpilze schwenken. Das Entenfleisch auf Teller verteilen, die Austernpilze darüber geben und mit etwas Schmoröl beträufeln. Dazu passt die Polenta von Seite 102.

▸▸ Tipp

Auch Entenbrüste, Gänsebrüste oder -keulen lassen sich auf diese Weise schonend zubereiten. Das Geflügelfleisch bleibt dabei wunderbar saftig.

Kaninchenkeulen in Parmesanmilch

mit Tomatenspaghetti

Zutaten für 2 Personen

8 Schalotten
2 Kaninchenkeulen
Salz · Pfeffer aus der Mühle
6 frische Oreganozweige
3 EL Olivenöl
200 ml Weißwein
100 ml Gemüsebrühe
300 ml Vollmilch
1 Lorbeerblatt
70 g frisch geriebener Parmesan
4 Strauchtomaten
1 Basilikumstiel
180 g Spaghetti

Den Backofen auf 190 °C (Umluft) vorheizen. Die Schalotten schälen und vierteln. Die Kaninchenkeulen waschen, trockentupfen und mit Salz und Pfeffer würzen. Oregano waschen und trockentupfen. Schalotten und Kaninchenkeulen von beiden Seiten in 2 EL Olivenöl anbraten. Mit Weißwein und Gemüsebrühe ablöschen, die Vollmilch sowie Lorbeerblatt, Oregano, Salz, Pfeffer und die Hälfte des Parmesans hinzufügen. Aufkochen lassen und zugedeckt im Ofen 40 Minuten schmoren.

▼

Die Tomaten überbrühen, häuten, vierteln, entkernen und das Fruchtfleisch in feine Würfel schneiden. Basilikum waschen, trockenschütteln, die Blätter abzupfen und in feine Streifen schneiden. Das restliche Olivenöl in einem kleinen Topf erwärmen. Das Tomatenfleisch dazugeben, leicht mit Salz würzen und die Tomaten so lange kochen lassen, bis eine sämige Sauce entsteht.

Die Spaghetti nach Packungsanweisung in reichlich Salzwasser bissfest garen. Zu den Tomaten geben, mit Basilikum und 1 kleinen Prise Salz abrunden.

▼

Die Kaninchenkeulen aus dem Fond nehmen. Die Sauce erneut in einem kleinen Topf aufkochen, falls nötig, noch etwas einkochen lassen. Durch ein Sieb gießen und mit dem Pürierstab sämig mixen. Die Kaninchenkeulen in der Parmesanmilch erneut erwärmen.

▼

Die Tomatenspaghetti mit einer Fleischgabel ausrollen. Die Kaninchenkeulen dekorativ dazulegen. Die Sauce mit dem Pürierstab noch einmal leicht aufmixen, darüber träufeln und den restlichen Parmesan darüber streuen.

Tipp

Wer es herzhafter möchte, kann die Kaninchenkeulen noch in Parmaschinken oder Speck einwickeln.

Kaninchenrücken

mit Barolozwiebeln, Bohnenpüree und Olivencrostini

Zutaten für 2 Personen

6 rote Zwiebeln
4 Kaninchenrückenfilets
Salz · Pfeffer aus der Mühle
1/2 EL Butterschmalz
300 ml Barolo-Rotwein
200 ml Gemüsebrühe
4 Thymianstiele
180 g weiße Bohnen (aus der Dose)
1 Schuss Gemüsebrühe
1 EL Crème fraîche
8 Scheiben Ciabatta-Brot
Olivenöl
1 EL Olivenpaste
1 1/2 EL kalte Butter

Die Zwiebeln schälen und in feine Würfel schneiden bzw. hacken. Die Kanichenfilets mit Salz und Pfeffer würzen und im Butterschmalz von allen Seiten anbraten. Aus der Pfanne nehmen. Die Zwiebeln in die Pfanne geben und andünsten, mit dem Barolo und der Gemüsebrühe ablöschen. Thymian waschen, trockenschütteln und dazugeben. Mit Salz würzen und alles etwas einköcheln lassen. Die Kaninchenfilets in den Sud geben und etwa 6 Minuten zugedeckt saftig garen – falls nötig einmal wenden.

▼

Die Bohnen kurz unter lauwarmem Wasser waschen und abtropfen lassen. Mit Gemüsebrühe und der Crème fraîche in einem Topf erwärmen und mit dem Pürierstab zu Püree mixen. Zurück in den Topf geben und erneut erwärmen. Die Bohnen mit Salz und Pfeffer abschmecken.

Die Ciabatta-Scheiben in einer Pfanne in etwas Olivenöl von beiden Seiten rösten, auf Küchenpapier abtropfen lassen und kurz vor dem Servieren mit der Olivenpaste bestreichen.

▼

Die Kaninchenfilets aus den Sud nehmen und auf einem Teller im Backofen bei 70 °C warm halten.

▼

Den Barolo-Zwiebel-Sud erhitzen und bei starker Hitze einkochen lassen, sodass vom Rotwein kaum noch etwas übrig ist. Die Pfanne vom Herd nehmen, den Thymian entfernen und die Butter in Flocken mit einem Löffel unterrühren. Zum Anrichten das heiße Bohnenpüree in die Mitte der Teller geben, jeweils 2 Kaninchenrückenfilets darauf legen, die Barolozwiebeln auf das Kaninchen geben und mit den warmen Olivencrostini servieren.

Tipp

Nicht nur Kaninchenrücken lassen sich auf diese Weise zubereiten. Auch mit Rinder-, Hasen-, Reh- oder Wildschweinfilets ist dieses Gericht ein Hochgenuss.

Glasierte Schweinelendchen

mit Birnen-Radicchio-Gemüse

Zutaten für 2 Personen

6 Schweinefiletmedaillons (à 60 g)
Salz · Pfeffer aus der Mühle
1/2 EL Butterschmalz
2 EL Gerstenmalz
1 Schuss Bier
1 EL Butter
1 kleiner Kopf Radicchio
2 Birnen
1 Schuss Gemüsebrühe

Die Schweinefiletmedaillons waschen, trockentupfen und mit Salz und Pfeffer würzen und von beiden Seiten rasch in einer Pfanne im heißen Butterschmalz anbraten. Aus der Pfanne nehmen, auf einen Teller geben und beiseite stellen.

▼

Das Gerstenmalz in die Pfanne geben und aufkochen lassen, sodass es dicke Blasen wirft. Etwas Bier dazugeben. Nicht zu viel, damit die Bitterstoffe des Bieres nicht den Geschmack dominieren. 1/2 EL Butter hinzufügen, alles einmal aufkochen lassen und die Schweinefiletmedaillons dazugeben. Das Gerstenmalz bei mittlerer Hitze zu einer sämigen, glänzenden Glasur langsam einkochen lassen und die Medaillons dabei gleichzeitig garen.

▼

Die Medaillons ab und zu wenden, sodass sie von beiden Seiten mit der Glasur überzogen sind. Mit Salz und etwas Pfeffer abschmecken. Die Medaillons auf Küchenpapier abtropfen lassen.

Den Radicchio halbieren, den Strunk entfernen und den Radicchio in feine Streifen schneiden. Diese etwa 4 Minuten in lauwarmes Wasser legen, sodass die Bitterstoffe etwas entzogen werden. Radicchio herausnehmen und gut abtropfen lassen.

▼

Die Birnen waschen, trockentupfen, in feine Streifen schneiden und in der restlichen Butter andünsten. Mit Gemüsebrühe ablöschen und kurz vor dem Servieren den Radicchio dazugeben. Einmal gut durchschwenken, mit Salz leicht würzen und auf Teller verteilen. Die Schweinemedaillons darauf anrichten.

►► Tipp

Das etwas bittere Bier und das karamellige Gerstenmalz ergeben eine perfekte Saucenglasur.
Gerstenmalz gibt es im Reformhaus oder Bioladen und ist als Zuckerersatz geeignet. Ersatzweise kann man auch Rübenkraut nehmen.

Kasseler mit Mangold

im Bratschlauch

Zutaten für 2 Personen

1 Staude Mangold
1/2 unbehandelte Zitrone
10 kleine Kapern
Salz
8 kleine gekochte Pellkartoffeln
2 Scheiben Kasseler (à 160 g)
1/2 Bund Zitronenmelisse
100 ml Gemüsebrühe

Vom Mangold die grünen Blätter ablösen, die weißen Stiele abschneiden und beiseite legen. Sie können für den überbackenen Mangold von Seite 24 verwendet werden. Das Grüne vom Mangold waschen und in Salzwasser etwa 60 Sekunden blanchieren. In eiskaltem Wasser abschrecken. Gut abtropfen lassen und in breite Streifen schneiden.

▼

Den Backofen auf 170 °C (Umluft) vorheizen. Die Zitrone waschen, trockentupfen und die Schale abreiben. Die Kapern hacken, mit Zitronenschale und dem Mangold vermischen und mit Salz würzen. Den Mangold in zwei Bratschläuche (sind im Supermarkt erhältlich) verteilen. Die Pellkartoffeln schälen und je 4 Kartoffeln dazugeben. In jeden Bratschlauch eine Scheibe Kasseler geben. Die Zitronenmelisse waschen, trockenschütteln, die Blätter abzupfen und auf das Kasseler legen. Die Gemüsebrühe vorsichtig dazugießen und die Bratschläuche mit Küchengarn zubinden. Im Ofen 12 Minuten garen.

▼

Die Bratschläuche auf zwei Teller verteilen. Sofort servieren und erst am Tisch aufschneiden.

Schnitzelspieße

mit dreierlei Füllungen

Zutaten für 2 Personen

6 Kalbsschnitzel (à 110 g, vom Metzger plattiert)
Salz
2 TL grober Senf
Pfeffer aus der Mühle
2 TL Olivenpaste
4 getrocknete Tomaten
1 Rosmarinzweig
10 Basilikumblätter
1 Knoblauchzehe
2 EL Olivenöl

Die Kalbsschnitzel auf einer Arbeitsfläche oder einem Schneidbrett nebeneinander legen und mit wenig Salz würzen. 2 Schnitzel mit Senf bestreichen und mit reichlich schwarzem Pfeffer bestreuen. 2 Schnitzel mit der Olivenpaste bestreichen. Die Tomaten der Länge nach halbieren und auf die Schnitzelenden legen. Rosmarin und Basilikum waschen und trockentupfen. Die Nadeln bzw. Blätter abzupfen. Den Knoblauch schälen und in Scheiben schneiden. Die restlichen 2 Schnitzel mit den Basilikumblättern, Rosmarinnadeln und Knoblauchscheiben belegen.

▼

Den Backofen auf 150 °C vorheizen. Alle drei Schnitzel einzeln aufrollen und mit einem Spieß feststecken. In einer Pfanne im Öl von allen Seiten anbraten und im Backofen 6 Minuten fertig garen. Hierzu passen perfekt die gegrillten Kartoffel-Rosmarin-Fächer von Seite 96, die bei der Zubereitung im Ofen mitgebacken werden können.

Kalbsleber

mit Melone und Pinienkerntagliatelle

Zutaten für 2 Personen

2 Zwiebeln · 2 EL Olivenöl
1 Knoblauchzehe · 1 TL brauner Zucker
1 Schuss Rotwein · 2 EL Aceto balsamico
4 Thymianzweige
Salz · Pfeffer aus der Mühle
220 g Kalbsleber (in feine Streifen geschnitten)
1/2 orangefleischige Melone oder Honigmelone
1–2 EL Butter
160 g Tagliatelle
3 EL Pinienkerne · 1 Schuss Gemüsebrühe

Die Zwiebeln schälen und in feine Streifen schneiden. In 1 EL Olivenöl bei mittlerer Hitze etwa 6 Minuten braten. Die angedrückte Knoblauchzehe und den Zucker dazugeben und etwa 1 Minute karamellisieren lassen. Mit Rotwein und Balsamico ablöschen. Den Thymian waschen, trockenschütteln und die Blätter abzupfen. Die Zwiebeln mit Thymian, Salz und Pfeffer würzen, herausnehmen und beiseite stellen. Die Pfanne mit Küchenpapier ausreiben. Das restliche Olivenöl stark erhitzen und die Kalbsleber darin anbraten. Auf einen Teller geben und mit Salz würzen.

▼

Die Melone schälen, entkernen und das Melonenfleisch in Streifen schneiden. Die Pfanne erneut mit Küchenpapier ausreiben, 1 TL Butter darin zerlassen, die Melone darin kurz durchschwenken, mit Salz und Pfeffer würzen. Kalbsleber und Zwiebeln unterrühren. Die Tagliatelle in reichlich Salzwasser bissfest garen. Pinienkerne in der restlichen Butter 1 bis 2 Minuten braun rösten. Mit Brühe ablöschen, die Tagliatelle dazugeben, einmal durchschwenken und mit Salz würzen. Die Nudeln mit Kalbsleber anrichten.

Kalbstafelspitz

mit Steinpilz-Pfirsich-Gemüse

Zutaten für 4–6 Personen

1 Kalbstafelspitz (650 g; vom Metzger plattieren lassen)
Salz · Pfeffer aus der Mühle
3 EL Olivenöl
3 Schalotten
500 g Steinpilze (ersatzweise Egerlinge)
3 weiße Pfirsiche
1 Rosmarinzweig
1 Knoblauchzehe
1 EL Butter
Meersalz
3 EL alter Aceto balsamico

Den Backofen auf 110 °C vorheizen. Den Kalbstafelspitz mit Salz und Pfeffer würzen und im Bräter in 2 EL Olivenöl von allen Seiten gut anbraten. Im Ofen auf dem Gitter 75 bis 90 Minuten rosa garen.

▼

Die Schalotten schälen und in feine Streifen schneiden. Die Pilze putzen und in feine Scheiben schneiden. Die Pfirsiche waschen, halbieren, entsteinen und in dünne Spalten schneiden. Rosmarin waschen, trockentupfen und die Nadeln abzupfen. Die Schalotten in 1 EL Olivenöl anbraten, die Pilze dazugeben und mitbraten. Salzen, die angedrückte Knoblauchzehe sowie Rosmarin hinzufügen und durchschwenken.

▼

Pfirsichspalten und Butter dazugeben. Gut durchschwenken. Den Kalbstafelspitz in dünne Scheiben schneiden und auf einer großen Platte leicht überlappend anrichten. Das Steinpilz-Pfirsich-Gemüse über den Tafelspitz geben, mit Meersalz und Pfeffer bestreuen, mit Olivenöl und Aceto balsamico beträufeln.

Kalbshaxe im Ganzen

mit Tomaten-Kapern-Füllung

Zutaten für 4–6 Personen

1 Kalbshaxe (küchenfertig)
Salz · Pfeffer aus der Mühle
Olivenöl
6 Zwiebeln · 3 Karotten
1/4 Sellerieknolle · 1/2 Lauchstange
1 Flasche trockener Weißwein (0,7 l)
2 l Gemüsebrühe
4 Knoblauchzehen
5 Tomaten · 1 Bund Thymian
2 Lorbeerblätter
100 ml Weißweinessig
15 getrocknete Tomaten
1 EL Kapern

Den Backofen auf 220 °C vorheizen. Die Kalbshaxe mit Salz und Pfeffer würzen, in einem großen Bräter mit etwas Olivenöl von allen Seiten anbraten, herausnehmen und beiseite stellen. Zwiebeln, Karotten und Sellerie schälen und in grobe Würfel schneiden. In den Bräter geben, falls, nötig, noch etwas Olivenöl hinzufügen und das Gemüse gut anbraten. Den Lauch putzen, in grobe Scheiben schneiden, gut waschen und zu dem Gemüse geben. Mit Weißwein ablöschen, kurz aufkochen lassen, die Kalbshaxe hinzufügen und ohne Deckel im Ofen 15 Minuten garen. Die Gemüsebrühe sowie die angedrückten Knoblauchzehen dazugeben, einen Deckel auflegen und 1 Stunde weitergaren.

▼

Die Tomaten waschen und in grobe Stücke schneiden. Thymian waschen und trockenschütteln. Mit den Tomaten und Lorbeerblättern zur Kalbshaxe geben. Zugedeckt bei 130 °C 2 Stunden fertig garen. Den Weißweinessig mit 1 l kaltem Wasser aufgießen und die getrockneten Tomaten darin 1 Stunde wässern bzw. quellen lassen. Abgießen, gut ausdrücken und in feine Würfel schneiden. Die Kapern abgießen, kurz waschen und falls nötig fein hacken. Mit den getrockneten Tomaten mischen, mit Salz und Pfeffer würzen.

▼

Die Kalbshaxe ist fertig, wenn man mit einem spitzen kleinen Messer in die dickste Stelle des Fleisches stechen kann und das Fleisch wie weiche Butter nachgibt. Die Kalbshaxe aus dem Sud nehmen, den Sud mit Gemüse in einen Topf füllen und nochmal etwas einkochen. Die Kalbshaxe vorsichtig mit einem Messer vom Knochen lösen. Dabei darauf achten, dass man das Fleisch nicht zerschneidet, d.h., den Knochen so herauslösen, dass die Kalbshaxe im Ganzen bleibt. Mit wenig Salz und Pfeffer erneut würzen.

▼

Die Kalbshaxe innen mit der Tomaten-Kapern-Mischung füllen. Einen DIN-A3-großen Bogen Alufolie ausbreiten, darauf Frischhaltefolie in der gleichen Größe legen und die Kalbshaxe straff darin einwickeln. Die Enden zusammendrehen und die Kalbshaxe im Ofen bei 80 °C bis zum Verzehr warm halten. Den Gemüseschmorsud durch ein feines Sieb gießen und dabei das Gemüse gut durchdrücken, sodass eine sämige Sauce entsteht. Mit Salz und Pfeffer erneut abschmecken. Mit dem Pürierstab 5 EL Olivenöl untermixen. Zum Servieren die Kalbshaxe aus der Folie wickeln, in 4 bis 6 Scheiben schneiden, auf einer Platte anrichten, mit etwas Sauce übergießen, den Rest extra dazu servieren. Als Beilage empfiehlt sich Brokkoli mit Pfefferkaramell von Seite 104 sowie die Safrankartoffeln von Seite 98.

Geschmorte Rinderschulter

mit Schalottensauce und Haselnüssen

Zutaten für 6 Personen

2 große Rindfleischstücke (aus der Schulter; à 800 g; küchenfertig) · Salz
2 EL Butterschmalz
3 Zwiebeln · 1 Karotte
1/4 Sellerieknolle · 1/2 Lauchstange
2 EL Tomatenmark
2 Flaschen Spätburgunder (mittl. Preisklasse, kein Barrique; alternativ: Lemberger, Pinot noir)
3 frische Tomaten · 3 Lorbeerblätter
30 Schalotten
1/2 Bund Rosmarin
Pfeffer aus der Mühle
140 g ganze geschälte Haselnüsse (alternativ kann man geröstete Cashwerkerne verwenden)

Den Backofen auf 180 °C (Umluft) vorheizen. Die Rindfleischstücke salzen und in einem Bräter in 1 EL Butterschmalz von allen Seiten anbraten. Herausnehmen und beiseite legen. Zwiebeln, Karotte, Sellerie und Lauch schälen bzw. putzen und grob in Würfel schneiden. In den Bräter geben und anbraten. Tomatenmark hinzufügen, kräftig verrühren und ebenfalls braten. Mit dem Rotwein auffüllen und aufkochen. Die Tomaten waschen, halbieren und zusammen mit dem Fleisch, 1 Prise Salz und den Lorbeerblättern wieder in den Bräter geben. Das Fleisch sollte mit Schmorfond großzügig bedeckt sein, falls nötig, noch etwas Wasser hinzufügen und erneut aufkochen.

▼

Den Braten im Ofen zugedeckt zunächst 75 Minuten garen. Die Temperatur auf 110 °C (Umluft) verringern und weitere 3 Stunden garen (durch die niedrige Temperatur gart der Braten ganz behutsam, d. h., er wird nicht trocken, sondern butterweich). Für die Garprobe mit einem spitzen Messer in die Mitte der Bratenstücke stechen. Gibt das Fleisch nach wie weiche Butter, ist der Braten fertig. Falls nicht, zugedeckt erneut 30 bis 40 Minuten garen.

▼

Das fertige Fleisch aus dem Schmorfond nehmen und bei Zimmertemperatur abkühlen lassen. Die Sauce in einen Topf geben und aufkochen, falls nötig, noch etwas einkochen lassen. Mit dem Pürierstab fein mixen und durch ein Sieb gießen.

▼

Die Schalotten schälen. Rosmarin waschen, trockenschütteln, die Nadeln abzupfen und fein hacken. Die Schalotten im Ganzen im restlichen Butterschmalz anbraten, mit der Sauce auffüllen und 30 Minuten zugedeckt leicht köcheln lassen. Mit Salz, Pfeffer und Rosmarin verfeinern. Das Fleisch in jeweils 6 dicke Scheiben schneiden, in zwei flache Schalen überlappend hineinlegen und die Sauce mit den Schalotten darüber verteilen.

▼

Die Haselnüsse auf einem Blech bei 140 °C (Umluft) etwa 15 Minuten rösten und leicht salzen. Zum Anrichten das Fleisch mit Sauce in den Auflaufformen bei 100 °C im Ofen etwa 30 Minuten erwärmen. Das Fleisch sowie Schalotten und Sauce aus einer Auflaufform auf Teller verteilen (die zweite Auflaufform auf den Tisch stellen). Werden die Pfefferaprikosen von Seite 104 dazu serviert, diese aufkochen und mit den Haselnüssen garnieren.

Roastbeef

mit Karotten und Morcheln

Zutaten für 4–6 Personen

600 g Roastbeef
Salz · Pfeffer aus der Mühle
1/2 EL Butterschmalz
6 EL getrocknete Morcheln
2 Bund junge Karotten (mit Grün) · 1 EL Butter
300 ml Gemüsebrühe
Speisestärke · grobes Meersalz

Den Backofen auf 90 °C vorheizen. Das Roastbeef mit Salz und Pfeffer würzen und in einem Bräter von allen Seiten im Butterschmalz gut anbraten. Auf den Backofenrost legen und auf der mittleren Schiene des Ofens etwa 1 1/4 Stunden rosa garen.

▼

Die Morcheln mit dem Pürierstab zu Pulver zerkleinern. Durch ein Sieb streuen, grobe Stücke im Mörser pulverisieren. Da das Morchelpulver sehr intensiv ist, reicht 1 gehäufter TL. (Der Rest kann für andere Fleisch- oder Gemüsegerichte verwendet werden.)

▼

Die Karotten schälen oder mit einer Gemüsebürste säubern. Der Länge nach halbieren bzw. vierteln. In der Butter kurz anbraten, mit der Gemüsebrühe ablöschen, mit etwas Salz würzen und zugedeckt etwa 8 bis 10 Minuten bissfest dünsten. Den entstehenden Karottenfond mit etwas Stärke leicht binden.

▼

Das Roastbeef in 4 bis 6 Scheiben schneiden. Die Karotten mit Sauce anrichten, das Roastbeef darauf legen, mit Meersalz, frisch gemahlenem Pfeffer und dem Morchelpulver gleichmäßig und dünn bestreuen. Als Beilage geeignet sind Kartoffeln im Meersalz von Seite 96 und der Kressedip von Seite 102.

Blitz-Sauerbraten

mit gebratenem Blaukraut

Zutaten für 2 Personen

200 ml kräftiger Rotwein
400 ml kräftige Gemüse- oder Rinderbrühe
2 EL Gemüse-Juspaste (siehe Seite 106)
1/2 Päckchen Saucenlebkuchen
Salz · Pfeffer aus der Mühle
1 Schuss Obstessig oder Rotweinessig (nach Belieben)
6 Scheiben Rinderfilet (á 60 g)
1/4 Kopf Rotkohl (Blaukraut)
1 EL Butterschmalz

Den Rotwein um die Hälfte einkochen lassen. Mit Gemüse- bzw. Rinderbrühe aufgießen. Die Gemüse-Juspaste dazugeben. Den Saucenlebkuchen fein zerkleinern, dazugeben und alles aufkochen lassen. Vom Herd nehmen und etwa 5 Minuten zugedeckt ziehen lassen. Mit dem Pürierstab kräftig durchmixen und mit Salz und Pfeffer würzen. Falls nötig, mit etwas Essig abschmecken.

▼

Die Rinderfiletscheiben mit Salz und Pfeffer würzen, in die heiße, aber nicht mehr kochende Sauce legen und 6 Minuten ziehen lassen.

▼

Vom Rotkohl den Strunk entfernen und den Rotkohl in feine Streifen schneiden. Rotkohl waschen und abtropfen lassen. In einer Pfanne im Butterschmalz bei mittlerer Hitze unter häufigem Rühren leicht kross braten. Mit Salz und Pfeffer würzen.

▼

Zum Anrichten das Blaukraut auf Teller verteilen, das Rinderfilet dazulegen. Die Sauce erneut aufmixen und über das Fleisch verteilen. Als Beilage passt der selbst gemachte Kartoffelkloß von Seite 98 ideal dazu.

Lammrücken

mit lauwarmem Bohnensalat

Zutaten für 2 Personen

2 Lammrückenstränge (à 200 g; küchenfertig)
Salz · Pfeffer aus der Mühle
3 EL Olivenöl
1 Bund Rosmarin
1/2 Bund Salbei
1/4 Bund Basilikum
1 Knoblauchzehe
250 g weiße Bohnen (aus dem Glas)
2 Frühlingszwiebeln
150 ml Gemüsebrühe
1 EL Weißweinessig
1 EL Szechuan-Pfeffer
5 cl Cognac

Den Backofen auf 140 °C (Umluft) vorheizen. Die Lammrückenstränge mit Salz und Pfeffer würzen und in 1 EL Olivenöl von allen Seiten gut anbraten. Die Kräuter waschen und trockenschütteln. Die Lammrücken mit Kräutern und der angedrückten Knoblauchzehe locker in Alufolie wickeln und im Ofen etwa 10 bis 12 Minuten rosa garen.

▼

Die Bohnen in ein Sieb abgießen, mit lauwarmem Wasser waschen und abtropfen lassen. Die Frühlingszwiebeln putzen, schräg in Scheiben schneiden, waschen und in 1 EL Olivenöl andünsten. Mit der Gemüsebrühe ablöschen, aufkochen lassen, die Bohnen dazugeben und einmal durchschwenken. Mit Salz würzen und mit Weißweinessig sowie etwas Olivenöl zu einem lauwarmen Bohnensalat abschmecken.

Die Bohnen mit dem Sud in einen tiefen Teller geben. Den Lammrücken aus der Alufolie wickeln und schräg in dünne Scheiben schneiden. Auf dem Bohnensalat anrichten. Den entstandenen Fleischsaft aus der Alufolie mit einem Löffel über das Lamm träufeln.

▼

Den Szechuan-Pfeffer in einem kleinen Topf oder einer Pfanne ohne Zugabe von Fett etwa 1 Minute leicht rösten. Vom Herd nehmen und abkühlen lassen. Schräg stellen, den zimmerwarmen Cognac hineingießen und anzünden. Die Pfanne einmal schwenken und den so flambierten Pfeffer über das Lamm verteilen. Möchte man etwas mehr Sauce haben, zum flambierten Pfeffer einen Löffel Gemüse-Juspaste (siehe Seite 106) geben und schon hat man eine Cognac-Pfeffer-Jus, die hervorragend zum Lamm passt.

Tipp

Durch das Flambieren mit Cognac röstet der Pfeffer rundum und bis in jede Pore. Dadurch wird er hocharomatisch.

Lammkeule

mit Fonduta und grünem Spargel

Zutaten für 4–6 Personen

1 Bund Basilikum
1 Lammkeule (ohne Knochen)
Salz · Pfeffer aus der Mühle
Olivenöl
5 Knoblauchzehen
5 Tomaten
200 ml Milch
200 g Sahne
50 g Parmesan
50 g Bergkäse
6 Eigelb
6–8 fest kochende Kartoffeln
2 Bund grüner Spargel (à 500 g)
1 Schuss Gemüsebrühe
Meersalz

Basilikum waschen, trockenschütteln und die Blätter abzupfen. Die ausgelöste Lammkeule mit den Basilikumblättern füllen und mit Salz und Pfeffer kräftig würzen. Von allen Seiten in 1 EL Olivenöl gut anbraten. Aus der Pfanne nehmen, auf ein Blech oder in eine flache Auflaufform geben.

▼

Den Backofen auf 90 °C (Umluft) vorheizen. Die angedrückten Knoblauchzehen kurz in Olivenöl schwenken. Die Tomaten waschen, grob in Würfel schneiden, zum Knoblauch geben und einmal durchschwenken. Über die Lammkeule geben. Die Lammkeule im Ofen etwa $2\,^1/_2$ Stunden rosa garen. Gegebenenfalls mit einem Fleischthermometer die Kerntemperatur überprüfen. Hat das Fleisch 55 °C, ist es rosa gebraten, bei 50 °C ist es roh und bei 60 °C durchgebraten.

Für die Fonduta (italienische Käsesauce) Milch und Sahne in einen Topf geben und aufkochen. Parmesan und Bergkäse fein reiben, in die heiße Milch-Sahne-Mischung geben, vom Herd nehmen und den Käse etwa 10 Minuten unter gelegentlichem Rühren schmelzen lassen. Mit Salz und Pfeffer würzen. Die Eigelbe in eine große Schüssel geben, die Käsemilch aufkochen und unter ständigem Rühren mit einem Schneebesen zu den Eigelben gießen. Anschließend stehen lassen, sodass die Eigelbe in Ruhe stocken können. Die Sauce nicht mehr aufkochen, da sonst das Eigelb ausflockt. Entweder vorsichtig unter Rühren oder im Wasserbad erwärmen, auch hier gelegentlich umrühren.

▼

Die Kartoffeln schälen und in Salzwasser gar kochen. Den Spargel im unteren Drittel schälen und 3 Minuten in kochendem Salzwasser garen. Die fertige Lammkeule aus dem Ofen nehmen, in Alufolie wickeln und 2 Minuten ruhen lassen. Den Schmorfond durch ein Sieb gießen, dabei kräftig mit einem Schöpflöffel die Tomaten und Knoblauchzehen durchdrücken. Etwas Gemüsebrühe dazugeben und noch einmal kurz aufkochen. Falls nötig, mit etwas Salz abschmecken.

▼

Die gekochten Kartoffeln mit einer Gabel zerdrücken, auf Teller verteilen, mit etwas Meersalz, Olivenöl und grob gemahlenem schwarzem Pfeffer bestreuen sowie jeweils $^1/_2$ bis 1 EL Schmorfond darüber geben. Das Lamm mit einem scharfen Messer in dünne Scheiben schneiden und dekorativ dazulegen. Mit dem Spargel garnieren. Die Sauce mit dem Schneebesen gut verrühren und über das Fleisch träufeln. Mit der Fonduta beträufeln oder getrennt dazu servieren.

Gefülltes Rehschnitzel

mit Mango-Blaukraut-Salat

Zutaten für 2 Personen

Für das Rehschnitzel:
1 Schalotte
3 getrocknete Aprikosen
6 Wacholderbeeren
30 g Pfeffer-, Gewürz- oder Saucenlebkuchen
2 EL Aprikosenmarmelade · 1 Schuss Gin
Salz · Pfeffer aus der Mühle
4 Scheiben Rehschnitzel (à 75 g; aus der Rehkeule; vom Metzger 4 mm dünn plattiert)
6 Scheiben Toastbrot
70 g Mandelblättchen
2 Eier · 100 g Mehl
2 EL Butterschmalz
Für das Blaukraut:
1/4 Kopf Rotkohl (Blaukraut)
2 EL Walnussöl · Salz
2 EL Rotweinessig
1/2 Mango

Für die Füllung die Schalotte schälen und in feine Würfel schneiden. Die Aprikosen ebenfalls in feine Würfel schneiden und mit der Schalotte vermischen. Die Wacholderbeeren hacken und dazugeben. Den Pfeffer-, Gewürz- oder Saucenlebkuchen auf einer Reibe fein raspeln und mit der Aprikosenmarmelade und Gin zu den Aprikosen geben. Alles gut verrühren und mit 1 Prise Salz und Pfeffer abschmecken.

▼

Die Rehschnitzel auf einer Arbeitsplatte nebeneinander legen und mit Salz und Pfeffer würzen. Die Füllung in die Mitte der Schnitzel geben und die Schnitzel zusammenklappen. Die Füllung darf nicht über den Rand hinausgehen. Das Toastbrot entrinden und mit den Mandelblättchen im Mixer fein zerkleinern. Die Eier verquirlen. Die Rehschnitzel zunächst in Mehl, dann in den verquirlten Eiern und zum Schluss in der Toastbrotmischung wenden. Die Brotmischung gut andrücken.

▼

Die Schnitzel in einer größeren Pfanne im Butterschmalz leicht schwimmend bei mittlerer bis starker Hitze goldbraun braten. Auf Küchenpapier abtropfen lassen. Das Butterschmalz aus der Pfanne gießen und die Pfanne mit Küchenpapier ausreiben.

▼

Das Blaukraut halbieren, den Strunk entfernen und das Kraut in feine Streifen schneiden. Blaukraut waschen, abtropfen lassen und zusammen mit dem Walnussöl kurz in die heiße Pfanne geben. Leicht mit Salz würzen und etwa 2 Minuten unter ständigem Rühren bissfest braten. Das Blaukraut in eine Schüssel geben und den Rotweinessig hinzufügen. Die Mango schälen, in feine Streifen schneiden oder auf einer groben Reibe raspeln und zu dem Blaukraut geben. Alles gut vermischen, falls nötig mit Salz und Pfeffer würzen sowie noch etwas Walnussöl hinzufügen.

▼

Den lauwarmen Mango-Blaukraut-Salat auf Teller verteilen und die Rehschnitzel dazugeben.

Koch doch.
Feine Begleiter

Kartoffelfächer

mit Rosmarin und Knoblauch

Zutaten für 2 Personen

4 mittelgroße fest kochende Kartoffeln
2 Rosmarinzweige
2 Knoblauchzehen
Meersalz

Die Kartoffeln schälen, auf einen Löffel legen und mit einem langen, dünnen, scharfen Messer die Kartoffeln zu vier Fünfteln einschneiden, d.h., 3 mm dünne Scheiben so weit herunterschneiden, bis die Klinge den Löffel berührt. So werden die Kartoffeln nicht ganz durchgeschnitten und bleiben wie ein Fächer zusammen.

▼

Den Backofen auf 180 °C vorheizen. Den Rosmarin waschen, trockenschütteln und die Nadeln abzupfen. Knoblauch schälen und in dünne Scheiben schneiden. Jeweils 1 bis 2 Rosmarinnadeln und die Knoblauchscheiben zwischen die einzelnen Kartoffelscheiben stecken. Mit etwas Meersalz bestreuen und im Ofen 18 Minuten backen. Die Temperatur auf 150 °C herunterschalten und weitere 6 Minuten garen. Oder auf dem Holzkohlengrill 15 bis 20 Minuten langsam knusprig grillen. Die Rosmarinkartoffeln passen zu den Schnitzelspießen von Seite 83.

Kartoffeln

im Meersalz gebacken

Zutaten für 2–6 Personen

10 mittelgroße fest kochende Kartoffeln
4 Eiweiß
3 kg ungereinigtes Meersalz
1/2 Bund Rosmarin

Die Kartoffeln gründlich waschen. Die Eiweiße cremig schlagen und mit einem kleinen Schuss Wasser unter das Meersalz rühren.

▼

Den Backofen auf 200 °C vorheizen. Ein Backblech mit Backpapier auslegen. Die Hälfte des Meersalzes darauf verteilen und die Kartoffeln in die Mitte darauf setzen. Rosmarin waschen, trockenschütteln und dazugeben. Mit dem restlichen Meersalz gut bedecken, sodass weder Kartoffeln noch Rosmarin zu sehen sind. Im Ofen 75 Minuten backen. Die Temperatur auf 60 °C herunterschalten und die Kartoffeln weitere 50 Minuten garen.

▼

Die feste Meersalzkruste mit einem Messer abnehmen. Zu den Kartoffeln passt der Kressedip von Seite 102 perfekt.

Kartoffelklöße
mit Brotcroûtons

Zutaten für 2 Personen

5 mehlig kochende Kartoffeln
2 Eigelb · Salz
1 EL Quark
2–4 EL Kartoffelstärke
2 EL geröstete Brotcroûtons

Die Kartoffeln waschen und mit Schale in leicht gesalzenem Wasser gar kochen. Kurz ausdampfen lassen, sofort schälen und gut abkühlen lassen. Die Kartoffeln durch die Kartoffelpresse drücken, mit den Eigelben, 1 Prise Salz, Quark und Kartoffelstärke zu einem Kartoffelteig verrühren. Je nachdem, wie feucht die Kartoffeln in ihrer Konsistenz sind, braucht man etwas mehr oder weniger Kartoffelstärke. Grundsätzlich sollte die Masse die Konsistenz eines kalten Kartoffelpürees haben.

▼

Am besten einen kleinen Knödel formen und in kochendem Wasser eine Probe machen. Zerfällt der Knödel, noch etwas Stärke bzw. Ei dazugeben. Ist der Knödel zu zäh, noch etwas Kartoffeln oder Quark dazugeben. Aus dem Teig Klöße formen und mit den Brotcroûtons füllen. In kochendes Salzwasser geben, beiseite stellen und zugedeckt 15 bis 20 Minuten je nach Größe gar ziehen lassen. Die Kartoffelklöße passen hervorragend zum Sauerbraten von Seite 88.

Safrankartoffeln
mit Thymian

Zutaten für 4–6 Personen

8–12 kleine Kartoffeln
Salz
4 Thymianzweige
1 Knoblauchzehe
2 Msp. gemahlene Kurkuma
1/2 EL Butter
Safranfäden

Die Kartoffeln schälen, mit Wasser bedecken und mit etwas Salz würzen. Thymian waschen und trockenschütteln. Thymianzweige, die angedrückte Knoblauchzehe und Kurkuma dazugeben und die Kartoffeln gar kochen. Die Kartoffeln aus dem Kochfond nehmen und 30 Sekunden ausdampfen lassen.

▼

Die Butter mit den Safranfäden aufschäumen. Die Kartoffeln dazugeben und etwa 1 bis 2 Minuten bei kleiner Hitze in der Butter glasieren bzw. ganz leicht braten. Die Safrankartoffeln passen hervorragend zur Kalbshaxe im Ganzen von Seite 86.

Maronenrisotto

mit Honig und Parmesan

Zutaten für 2 Personen

1 Schalotte
1 EL Butter
150 g Risottoreis
Salz · Pfeffer aus der Mühle
100 ml trockener Weißwein
1 Knoblauchzehe
3 Thymianzweige
300 ml Gemüsebrühe
1 Lorbeerblatt
1 Scheibe Speck (etwa 30 g)
80 g gekochte Maronen
1 TL Honig
1 1/2 EL kalte Butter
1 EL geriebener Parmesan

Die Schalotte schälen, in feine Würfel schneiden und in der Butter andünsten. Den Risottoreis dazugeben, kurz mit andünsten, mit Salz und Pfeffer würzen. Mit Weißwein ablöschen, Risotto vom Herd nehmen und 5 Minuten quellen lassen.

▼

Den Knoblauch schälen, die Thymianzweige waschen, trockenschütteln und die Blättchen abzupfen. Die Gemüsebrühe mit der angedrückten Knoblauchzehe, Thymian, Lorbeerblatt sowie der Scheibe Speck aufkochen. Die Gemüsebrühe bei mittlerer Hitze unter ständigem Rühren unter den Risotto mischen. Nach 14 bis 15 Minuten Kochzeit ist der Reis bissfest.

▼

Die Maronen grob hacken und mit dem Honig unterrühren. Mit Salz und Pfeffer erneut abschmecken und die Butter sowie den Parmesan unterrühren, sodass ein cremiger Risotto entsteht.

Zitronenweizen

mit Petersilie

Zutaten für 2 Personen

1 unbehandelte Zitrone (aus biologischem Anbau)
1 Lorbeerblatt · Salz
250 ml Gemüsebrühe
120 g Zartweizen
1 EL Olivenöl
1/2 geschälte Knoblauchzehe
2 Stiele glatte Petersilie

Die Zitrone mit lauwarmem Wasser gut abwaschen. Mit 2 l Wasser, dem Lorbeerblatt sowie 1 Prise Salz 45 Minuten bei mittlerer Hitze zugedeckt köcheln lassen. Das Wasser abgießen, erneut mit 2 l Wasser aufgießen und weitere 20 Minuten zugedeckt köcheln lassen. Die Zitrone in grobe Stücke schneiden und mit dem Pürierstab und, falls nötig, etwas Brühe zu einer feinen Paste mixen.

▼

Den Zartweizen in Olivenöl kurz anschwitzen, mit der Gemüsebrühe auffüllen, etwas salzen und die Knoblauchzehe dazugeben. Zugedeckt bei mittlerer Hitze 15 Minuten leicht köcheln bzw. garen lassen. Petersilie waschen, trockenschütteln, die Blätter fein hacken und mit 1 bis 2 TL Zitronenpaste zum Weizen geben. Der Zitronenweizen schmeckt sehr gut zur Entenbrust mit Dörrobst-Oliven-Kompott von Seite 75.

Tipp

Die lange Garzeit der Zitrone sorgt dafür, dass Bitterstoffe und Säure herausgekocht werden. Übrig bleibt ein zartes Zitronenaroma.

Eingelegter Chicorée

mit Orange

Zutaten für 2 Personen

1 Zwiebel · 1 Knoblauchzehe
1 unbehandelte Orange
3 Chicorée
1/2 Bund Thymian
1 TL Butter
400 ml Weißwein
300 ml Gemüsebrühe
Salz · Zucker

Die Zwiebel und Knoblauchzehe schälen, die Zwiebel in große Würfel schneiden. Die Orange unter lauwarmem Wasser gut waschen und halbieren. Chicorée putzen und die äußeren Blätter entfernen. Thymian waschen und trockenschütteln.

▼

Die Zwiebel in der Butter andünsten und mit Weißwein ablöschen. Gemüsebrühe, angedrückte Knoblauchzehe, Orange, Thymian, Salz und 1 Prise Zucker hinzufügen und aufkochen. Den Chicorée dazugeben, mit einem kleinen Teller beschweren, sodass der Chicorée komplett mit Sud bedeckt ist, und 20 Minuten weich köcheln.

Tipp

Der eingelegte Chicorée ist eine ideale Beilage zu einem Festtagsmenü, da man ihn luftdicht verschlossen zwei Tage im Kühlschrank ziehen lassen kann und dann nur noch erwärmen muss. Dabei verliert er auch seine Bitterstoffe.

Saures Wurzelgemüse

mit Schalotten

Zutaten für 2 Personen

4 Schalotten
1 Karotte
3 Kartoffeln
1/4 Lauchstange
1/8 Sellerieknolle
1/2 EL Butter
Zucker
200 ml Gemüsebrühe
Salz · Pfeffer aus der Mühle
2 EL Weißweinessig

Die Schalotten schälen und der Länge nach halbieren. Die Karotte schälen und in Scheiben schneiden. Die Kartoffeln schälen und klein schneiden. Den Lauch putzen, in Scheiben schneiden und waschen. Den Sellerie schälen und in gleich große Scheiben wie die Karotten schneiden.

▼

Das Gemüse in einem Topf mit der Butter andünsten, 1 Prise Zucker dazugeben, etwas karamellisieren lassen und mit der Gemüsebrühe auffüllen. Mit Salz würzen und zugedeckt 8 Minuten bei mittlerer Hitze langsam dünsten, bis die Brühe vollständig eingekocht und das Gemüse bissfest gegart ist. Falls nötig, noch etwas Brühe dazugießen. Mit Salz, etwas Pfeffer sowie dem Weißweinessig abschmecken.

Cremige Polenta

mit Frischkäse

Zutaten für 2 Personen

2 Thymianzweige
300 ml Gemüsebrühe
1/2 Knoblauchzehe
120 g Polenta (Maisgrieß)
1 EL Frischkäse
1 EL geriebener Parmesan
Salz · Pfeffer aus der Mühle

Thymian waschen und trockenschütteln. Die Brühe mit dem Thymian und der Knoblauchzehe aufkochen, die Polenta dazugeben, einmal aufkochen lassen, gut durchrühren und zugedeckt bei sehr schwacher Hitze 5 bis 7 Minuten ziehen lassen.

▼

Thymianzweige und Knoblauchzehe entfernen, den Frischkäse sowie Parmesan unterrühren und mit etwas Salz und Pfeffer abschmecken. Die Konsistenz der Polenta sollte cremig wie ein leicht flüssiges Kartoffelpüree sein. Hervorragend passt hierzu die Entenkeule mit Zimt von Seite 78.

Tipp

Es gibt verschiedene Polenta- bzw. Maisgrießtypen. Die Blitzpolenta braucht 5 bis 7 Minuten, andere Sorten müssen 20 Minuten quellen. Daher ist es ratsam, sich an die Packungsangabe zu halten.

Kressedip

mit Knoblauch

Zutaten für 4–6 Personen

1/2 Bund Brunnenkresse
1 Knoblauchzehe
4 EL Crème fraîche
Salz

Die Kresseblätter von den Stielen zupfen und ganz kurz in kochendes Wasser tauchen. Sofort in eiskaltem Wasser abschrecken. Den Knoblauch schälen. Kresse und Knoblauch mit der Crème fraîche und 1 Prise Salz mit dem Stabmixer fein pürieren. Es soll ein grüner Dip entstehen.

Tipp

Das kurze Blanchieren bzw. Ankochen der Kresseblätter hat den Vorteil, dass so der aromatische, herb-pikante Kressegeschmack etwas gemildert wird. Übrig bleibt ein feines Kressearoma.

Gurkengemüse

mit Curry

Zutaten für 2 Personen

1 Salatgurke
1 EL Butter
1/4 TL Currypulver
1 Schuss Gemüsebrühe
Salz

Die Gurke schälen, der Länge nach vierteln, das Kerngehäuse entfernen und die Gurke in grobe Würfel schneiden. Die Butter in einem kleinen Topf zerlassen und die Gurkenwürfel darin glasig dünsten. Den Curry dazugeben, ganz kurz mitrösten und Gemüsebrühe ablöschen. Die Gurken etwa 1 Minute leicht köcheln lassen und das Gurkengemüse mit Salz würzen.

Tipp

Curry verleiht Gemüse eine exotische Note. Man kann auch andere Gemüsesorten wie Blumenkohl, Karotte und gelbe Paprika damit abwandeln.

Brotsalatspieß

mit Tomaten

Zutaten für 2 Personen

6 Cocktailtomaten
1 rote Zwiebel
1 Knoblauchzehe
1 Ciabatta-Brötchen
1 EL Olivenöl

Die Cocktailtomaten waschen und halbieren. Die Zwiebel schälen und achteln. Die Knoblauchzehe schälen und in feine Scheiben schneiden. Das Ciabatta-Brötchen in 10 gleich große bzw. kleine Stücke zupfen. Tomaten, Brot, Zwiebel sowie Knoblauch abwechselnd auf 2 Holz- oder Metallspieße stecken. Auf dem Grill oder unter dem Backofengrill bei kleiner Hitze etwa 2 bis 4 Minuten grillen, sodass das Brot schön kross wird und die Tomaten geschmort sind. Kurz vor dem Servieren mit etwas Olivenöl beträufeln.

Tipp

Der Brotsalatspieß passt zum Schweinerücken im Bierdunst von Seite 50. Statt Ciabatta-Brot können auch andere Brotsorten wie Schwarzbrot oder Körnerbrot verwendet werden.

Pfefferaprikosen
mit Marmelade

Zutaten für 4–6 Personen

200 ml Gemüsebrühe
2 EL Aprikosenmarmelade
30 getrocknete Aprikosen
Pfeffer aus der Mühle

Die Brühe aufkochen, die Aprikosenmarmelade unterrühren und alles etwas einköcheln lassen. Die Aprikosen dazugeben und mit reichlich frisch gemahlenem Pfeffer würzen. Erneut aufkochen lassen und warm servieren.

Tipp

Diese Beilage passt zur geschmorten Rinderschulter von Seite 87 und kann ebenso wie der eingelegte Chicorée von Seite 100 als Beilage zu einem Festtagsessen serviert werden. Einfach abkühlen lassen und aromadicht im Kühlschrank bis zu 3 Tage aufbewahren.

Brokkoli
mit Pfefferkaramell

Zutaten für 4–6 Personen

2 Köpfe Brokkoli
Salz
4 EL Zucker
1 EL Rotweinessig
2 EL Rotwein
2 EL gehackte Mandeln
Pfeffer aus der Mühle

Die Brokkoliköpfe in Röschen teilen, waschen und in Salzwasser etwa 3 Minuten bissfest kochen. Den Zucker mit dem Rotweinessig und dem Rotwein aufkochen und so lange einkochen, bis die Masse Blasen wirft. Die gehackten Mandeln dazugeben und mit frisch gemahlenem schwarzem Pfeffer würzen.

▼

Den Brokkoli aus dem Kochsud nehmen, auf Küchenpapier kurz abtropfen lassen, auf eine Platte oder einen tiefen Teller geben, mit dem heißen Pfefferkaramell beträufeln und sofort servieren.

Tipp

Brokkoli mit Pfefferkaramell passt hervorragend zur Kalbshaxe im Ganzen von Seite 86.

Gemüse-Juspaste

mit Rotwein

Zutaten für 4–6 Personen

350 g Schalotten
50 g Karotten
50 g Sellerie
50 g Lauch
1 EL Pflanzenöl
4 EL Tomatenmark
0,7 l trockener Rotwein (kein Barrique)
Salz · Pfeffer aus der Mühle

Die Schalotten schälen und halbieren. Die Karotten und den Sellerie schälen und in grobe Würfel schneiden. Den Lauch putzen und klein schneiden. Schalotten, Karotten und Sellerie in einem flachen Topf oder Bräter im Pflanzenöl stark anbraten. Den Lauch und das Tomatenmark dazugeben und unter Rühren braten, bis sich am Topfboden Röststoffe bilden. Mit 300 ml Wasser ablöschen, die Hitze reduzieren und unter häufigem Rühren langsam einköcheln lassen, bis sich erneut Röststoffe bilden. Mit 100 ml Rotwein ablöschen, langsam einköcheln lassen und die Röstrückstände erneut mit 100 ml Rotwein ablöschen.

▼

Diesen Vorgang noch 5-mal wiederholen, bis die Flasche Rotwein aufgebraucht ist. Wichtig ist, dass der Röst-Ablösch-Einkochvorgang langsam abläuft, d. h., das Einkochen dauert etwa 1 1/2 bis 2 Stunden. Nur so entsteht der für eine Jus typische Geschmack, ohne dass sich Bitterstoffe bilden.

Die eingekochte Rotwein-Gemüse-Masse in einem Mixer so fein wie möglich pürieren und in einem geeigneten Gefäß im Kühlschrank lagern. Die Paste ist etwa 8 bis 14 Tage haltbar. Wer die Juspaste nicht so samtig, sondern fein möchte, verzichtet auf das Pürieren und streicht sie nur durch ein Sieb.

▼

Die Paste lässt sich auch gut einfrieren. Dann am besten in kleine Portionen teilen. Als Dosierung empfiehlt sich 1 EL Juspaste für 200 ml kräftige Brühe (Gemüse-, Rinder- oder Hühnerbrühe). Die Brühe damit aufkochen, 2 Minuten ziehen lassen und falls nötig mit Salz und Pfeffer nachwürzen.

Tipp

Jus kommt aus dem Französischen und heißt Saft. Jus ist eigentlich ein entfetteter Bratensaft, der als Grundstock für Brühe und andere Grundsaucen dient.

Brühpulver
aus Gemüse

Zutaten für 4–6 Personen

140 g Zwiebeln
85 g Karotten
25 g Lauch
65 g Sellerie
150 g Tomaten
10 g Petersilienblätter
40 g Meersalz

Den Backofen auf 75 °C Umluft (85 °C bei Ober- und Unterhitze) vorheizen. Zwiebeln, Karotten, Lauch und Sellerie schälen bzw. putzen und in feine Würfel schneiden bzw. hacken. Die Tomaten waschen, den Stielansatz herausschneiden und die Tomaten klein schneiden. Die Petersilie waschen, trockenschütteln und hacken. Alles mit dem Meersalz in einen Mixer geben und möglichst fein pürieren.

▼

Eine Auflaufform mit Backpapier auslegen und die Masse darauf geben. Über Nacht (etwa 8 Stunden) im Backofen trocknen lassen, dabei die Ofentür einen Spalt offen lassen. Die Masse im Mixer fein mahlen, falls nötig, durch ein Sieb streichen. Das Pulver ist in einem gut verschließbaren Gefäß mindestens 10 Wochen haltbar. Zum Würzen benötigt man 1 TL Pulver für 1 Tasse Flüssigkeit.

Brühpulver mediterran
aus Gemüse

Zutaten für 4–6 Personen

160 g Schalotten
50 g rote Paprikaschoten
25 g Lauch
50 g Sellerie
170 g Tomaten
5 g Thymianblätter
5 g Basilikumblätter
5 g Petersilienblätter
5 g schwarze Oliven (ohne Stein)
45 g Meersalz

Den Backofen auf 75 °C Umluft (85 °C bei Ober- und Unterhitze) vorheizen. Das Gemüse schälen bzw. putzen und in Würfel schneiden. Die Tomaten waschen, den Stielansatz herausschneiden und die Tomaten klein schneiden. Die Kräuter waschen und trockenschütteln. Mit den Oliven klein schneiden bzw. hacken und alles im Mixer mit dem Meersalz fein pürieren.

▼

Eine Auflaufform mit Backpapier auslegen und die Masse darauf geben. Über Nacht (etwa 8 Stunden) im Backofen trocknen lassen, dabei die Ofentür einen Spalt offen lassen. Die Masse im Mixer fein mahlen, falls nötig, durch ein Sieb streichen. Das Pulver ist in einem gut verschließbaren Gefäß mindestens 10 Wochen haltbar. Zum Würzen benötigt man 1 TL Pulver für 1 Tasse Flüssigkeit.

Blätterteigtaschen
mit Spinat

Zutaten für 4–6 Personen

3 Platten Blätterteig (tiefgekühlt)
Mehl zum Ausrollen
150 g Blattspinat
Salz
2 Eigelb
2 TL Sesamsamen

Den Backofen auf 200 °C vorheizen. Die Blätterteigplatten auf eine mit Mehl bestäubte Arbeitsfläche legen und kurz auftauen lassen. Mit dem Nudelholz etwa auf das Doppelte ausrollen. Mit einem runden Ausstecher (Durchmesser etwa 8 cm) Ringe bzw. Kreise ausstechen.

▼

Den Blattspinat putzen, waschen und blanchieren. Spinat ausdrücken und hacken, falls nötig, mit Salz abschmecken. Die Eigelbe verquirlen und den Rand der Teigkreise damit bestreichen. Jeweils 1 EL Spinat in die Mitte der Blätterteigstücke geben. Die Kreise wie Ravioli zusammenschlagen und die Ränder gut festdrücken. Die Oberfläche wiederum mit Eigelb bestreichen und mit Sesam großzügig bestreuen. Die Blätterteigtaschen auf ein Backpapier setzen und im Ofen etwa 10 Minuten backen.

Parmesancracker
mit Thymian

Zutaten für 2–4 Personen

5 EL frisch geriebener Parmesan
1 1/2 EL Semmelbrösel
1 Thymianzweig
grob gemahlener schwarzer Pfeffer

Den geriebenen Parmesan mit den Semmelbröseln vermischen. Thymian waschen, trockenschütteln und die Blätter abzupfen. Mit dem Parmesan vermischen und mit Pfeffer würzen.

▼

Eine große beschichtete Pfanne erhitzen und die Parmesanmasse hineinstreuen. Bei mittlerer Hitze den Parmesan etwa 1 bis 2 Minuten schmelzen lassen. Der schmelzende Käse verbindet sich mit den Semmelbröseln, die etwas mitrösten. Parmesancracker vorsichtig mit einer Palette wenden, nochmal etwa 30 bis 45 Sekunden bei mittlerer Hitze rösten. Aus der Pfanne nehmen, kurz abkühlen lassen und auseinander brechen.

Tipp

Parmesancracker passen hervorragend als Knabbergebäck zu Rotwein.

Drachenfüßler
aus Bratwürsten

Zutaten für 2 Personen

3 vorwiegend fest kochende Kartoffeln · Salz
100 ml heiße Milch
4 EL gekochtes Sauerkraut
6 Bratwürste
1/2 EL Butterschmalz
Schnittlauchhalme
Senf
1 Apfel

Die Kartoffeln schälen und in Salzwasser gar kochen. Abgießen, kurz ausdampfen lassen, durch eine Kartoffelpresse drücken und mit der heißen Milch und etwas Salz zu einem cremigen Püree verrühren.

▼

Das Sauerkraut aufkochen, nach Belieben etwas Apfelsaft dazugeben. Die Enden der Bratwürste mit einem spitzen Messer kreuzweise einschneiden, sodass sie sich beim Braten leicht aufrollen und wie Krallen aussehen. Die Bratwürste im Butterschmalz 4 bis 5 Minuten langsam braun braten. Auf einer länglichen Platte parallel hintereinander anordnen. Von einer Bratwurst in der Mitte zwei dünne Scheiben herausschneiden und beiseite legen.

▼

Das Kraut zwischen den Bratwürsten verteilen. Für den Körper des Drachenfüßlers das Kartoffelpüree in einen Spritzbeutel füllen und längs auf die Bratwürste verteilen. Für den Kopf etwas mehr Püree auftragen. Die zwei Bratwurstscheiben als Augen sowie zwei Schnittlauchhalme als Fühler in das Püree stecken. Mit Senf einen Mund dekorieren. Den Apfel waschen und in dünne Spalten schneiden. Wie Rückenflossen der Länge nach in das Kartoffelpüree stecken.

Pommes-Schatzkiste
mit Gemüsetalern

Zutaten für 2 Personen

2 große vorwiegend fest kochende Kartoffeln
Butterschmalz zum Frittieren
Salz
1 Karotte
1 Zucchino
150 g Joghurt
Saft von 1 Zitrone
1/4 Kopf Eisbergsalat

Die Kartoffeln schälen und jeweils zu einer rechteckigen Truhe zurechtschneiden. Einen etwa 1/2 cm dicken Deckel abschneiden. Das Innere der Kartoffeln mit einem Kugelausstecher aushöhlen, sodass noch 1/2 cm dicke Ränder und der Boden übrig bleiben.

▼

Den Backofen auf 170 °C vorheizen. Kartoffeltruhe und -deckel im heißen Butterschmalz schwimmend 2 bis 3 Minuten kross frittieren. Auf Küchenpapier gut abtropfen lassen und sofort mit etwas Salz würzen. Im Ofen 5 bis 7 Minuten fertig garen.

▼

Die Karotte schälen, Zucchino putzen und waschen. Beides in etwa 3 bis 4 mm dicke Scheiben schneiden. Mit einer Lochtülle aus Metall runde Taler ausstechen bzw. -stanzen. Die Gemüsetaler in kochendem Salzwasser kurz blanchieren und in ein Sieb abgießen.

▼

Den Joghurt mit Zitronensaft und Salz mit dem Pürierstab schaumig aufmixen. Den Eisbergsalat in Streifen schneiden, waschen und trockentupfen. Auf Teller verteilen und das Joghurtdressing darüber träufeln. Die Pommes-Schatztruhe darauf setzen, mit den Gemüsetalern füllen. Den Deckel dekorativ darauf legen.

Nudelkrone
mit Ketchupsauce

Zutaten für 2 Personen

100 g kurze Makkaroni · Salz
1 TL Butter
100 g Kalbsbrät
1 eingeweichte Semmel · 1 Ei
1 EL Zucker · 1 Zwiebel
12 getrocknete Tomaten
200 g geschälte Tomaten
2–3 Scheiben geschälter Ingwer
1 EL Weißweinessig
Pfeffer aus der Mühle

Die Makkaroni nach Packungsanweisung in reichlich Salzwasser bissfest garen, abgießen und abkühlen lassen. Zwei Tassen mit Butter einfetten und die Makkaroni dicht nebeneinander senkrecht hineinstellen.

▼

Den Backofen auf 140 °C vorheizen. Das Kalbsbrät mit Semmel und Ei verrühren. Mit etwas Salz würzen. Die Masse in die Tassen verteilen. Die Makkaroni sollen wie eine Krone etwas über das Brät hinausragen. Mit Alufolie abgedeckt 15 bis 20 Minuten im Ofen garen.

▼

Für die Ketchupsauce Zucker mit 2 EL Wasser so lange einkochen, bis ein heller Karamell entsteht. Die Zwiebel schälen und in feine Würfel schneiden. Dazugeben und andünsten. Die getrockneten Tomaten klein schneiden und mit den Schältomaten und dem Ingwer dazugeben. Mit Salz und Weißweinessig abschmecken. Etwa 6 bis 8 Minuten unter Rühren einkochen lassen. Mit dem Pürierstab fein mixen und durch ein Sieb passieren. Falls nötig, noch mal mit Salz würzen. Die Makkaronikrone in die Mitte von tiefen Tellern stellen und die Ketchupsauce darum herumgießen.

Gruselbowle
mit Marzipanschlangen

Zutaten für 6–8 Personen

350 ml Johannisbeersaft
1 sauberer Einweggummihandschuh (ungepudert)
4 Zitronen
6 EL Zucker
2 Flaschen Mineralwasser (mit Kohlensäure)
1/2 Bund Minze
3 Äpfel
200 g grüne Marzipanrohmasse
10 Fruchtgummischlangen
Schaumzucker-Mäuse
Lakritzschnecken

Den Johannisbeersaft in den Gummihandschuh gießen (am besten zu zweit) und fest zusammenbinden. Den Handschuh in einer Auflaufform im Tiefkühlfach etwa 3 bis 5 Stunden gefrieren. Anschließend das Endstück mit einem Messer anschneiden bzw. anritzen und den Handschuh vorsichtig von dem gefrorenem Johannisbeersaft herunterziehen. So erhält man eine gefrorene Gruselhand aus Johannisbeersaft.

▼

Die Hand in ein großes Bowlenglas legen. Die Zitronen auspressen und mit dem Zucker und etwas Mineralwasser erwärmen, sodass sich der Zucker auflöst. Das Mineralwasser unterrühren und über die gefrorene Gruselhand geben. Minze waschen, trockenschütteln und die Blätter hinzufügen. Die Äpfel halbieren und mit einem runden Ausstecher Kugeln ausstechen. Zur Bowle geben. Aus der Marzipanrohmasse Schlangen formen. Für die Augen der Schlangen und Mäuse rote Zuckerperlen verwenden. Die Bowle damit garnieren. Fruchtgummischlangen, Schaumzucker-Mäuse und Lakritzschnecken dazu servieren.

Koch doch.

Desserts

Praline im Glas

mit Sauerkirschen

Zutaten für 4–6 Personen

100 g dunkle Kuvertüre
100 g Nougat
100 ml Milch
100 g Sahne
4 cl Orangenlikör
abgeriebene Schale von 1 unbehandelten Orange
250 g Sauerkirschen (aus dem Glas)
3 EL Zucker
1 Vanilleschote
3 cl Rum

Kuvertüre, Nougat, Milch, Sahne, Orangenlikör sowie Orangenschale in einen Topf geben. Unter ständigem Rühren bei kleiner bis mittlerer Hitze langsam schmelzen lassen und sofort in dekorative Gläser füllen. Im Kühlschrank 2 Stunden erkalten lassen.

▼

Die Sauerkirschen in ein Sieb abgießen und den Saft auffangen. Den Zucker in einem Topf leicht braun karamellisieren lassen, mit etwas Kirschsaft ablöschen und einkochen lassen. Die Vanilleschote der Länge nach aufschlitzen und mit dem Rum dazugeben. Kurz erwärmen, die abgetropften Sauerkirschen hinzufügen und darin schwenken. Die Vanilleschote wieder entfernen. Die lauwarmen Kirschen auf der Pralinenmasse verteilen und sofort servieren.

Crème brûlée

mit Johannisbeeren

Zutaten für 4 Personen

350 g Sahne
150 ml Milch
5 Eier
100 g Zucker
Mark von 1 Vanilleschote
3 EL brauner Zucker
100 g Johannisbeeren

Den Backofen auf 90 °C (Umluft) vorheizen. Sahne, Milch, Eier, 75 g Zucker und das Mark der Vanilleschote gut verrühren und in tiefe Teller oder Gläser füllen. Etwa 60 bis 80 Minuten im Ofen garen bzw. stocken lassen. Die Masse 30 Minuten bei Zimmertemperatur abkühlen lassen und mindestens 3 Stunden in den Kühlschrank stellen.

▼

Vor dem Servieren eventuell entstandenes Kondenswasser auf der Creme mit Küchenpapier abtupfen. Die Creme dünn mit braunem Zucker bestreuen und mit einem kleinen Bunsenbrenner oder Flambierbrenner knusprig karamellisieren.

▼

Die Johannisbeeren von der Rispe zupfen, waschen und trockentupfen. 2 EL Zucker zusammen mit einem kleinen Schuss Wasser so weit einkochen, bis er Blasen wirft. Es sollte ein heller Karamell entstehen. Die Johannisbeeren dazugeben, durchschwenken und etwas ziehen lassen. Noch heiß mit dem Fond auf die Crème brûlée geben und sofort servieren.

Erdbeersorbet
mit Rum

Zutaten für 4 Personen

250 g Erdbeeren
2 EL brauner Zucker
Saft und abgeriebene Schale von 1 unbehandelten Limette
4 cl Rum
100 ml Sekt

Die Erdbeeren putzen, d.h., das Grün entfernen, waschen, abtropfen lassen und klein schneiden. Mit dem Zucker und der Limettenschale vermischen. Eine flache Schale mit Frischhaltefolie auslegen und die Erdbeeren hineingeben. Die Erdbeeren im Tiefkühlfach 4 Stunden gefrieren lassen.

▼

Die Erdbeeren in einen hohen Mixbecher geben, Limettensaft, Rum und Sekt dazugeben und mit einem Pürierstab zu einem cremigen Sorbet mixen. Das Sorbet in zwei Gläser verteilen und nach Belieben mit frischen Erdbeeren dekorieren.

Tipp

Die Erdbeeren nach und nach mit dem Sekt vermischen, damit das Sorbet die richtige Konsistenz erhält. Ist es zu flüssig, noch etwas Erdbeeren dazugeben, lässt es sich kaum pürieren, etwas mehr Sekt nehmen.

Himbeergranité
mit Sektsahne

Zutaten für 2 Personen

250 g Himbeeren
Saft von 2 Orangen
4 EL Puderzucker
200 g Sahne
1/2 Päckchen Vanillezucker
1 Schuss Sekt

Die Himbeeren waschen, trockentupfen und zusammen mit dem Orangensaft und der Hälfte des Puderzuckers mit dem Pürierstab fein mixen, durch ein Sieb streichen und in eine mit Frischhaltefolie ausgelegte Auflaufform füllen. Etwa 2 bis 3 Stunden im Gefrierfach gefrieren lassen.

▼

Vor dem Servieren die Sahne mit dem Vanillezucker und dem restlichen Puderzucker steif schlagen und den Sekt vorsichtig unterrühren, sodass die Sahne schön cremig ist. Die Sahne in dekorative Gläser füllen. Das gefrorene Himbeermark mit einem Löffel abschaben und auf die Sahne geben. So entstehen ganz feine Himbeereiskristalle, die zusammen mit der Sektsahne wunderbar am Gaumen schmelzen. Das Granité nach Belieben mit frischen Himbeeren oder Orangenfilets dekorieren.

Rhabarber

mit Käsekuchenhaube

Zutaten für 2 Personen

1 Stange Rhabarber
4 1/2 EL Zucker · 50 ml Apfelsaft
1 EL Himbeermarmelade
1 TL Butter
200 g Quark · 3 Eier
1 EL Speisestärke
1 Schuss Sahne
Puderzucker

Den Rhabarber schälen und in Würfel schneiden. In einem Topf 1 1/2 EL Zucker karamellisieren lassen, mit Apfelsaft ablöschen, den Rhabarber und die Himbeermarmelade dazugeben und kurz köcheln lassen. 2 Tassen mit Butter einfetten und die Rhabarbermasse hineingeben.

▼

Den Backofen auf 160 °C (Umluft) vorheizen. Für die Käsekuchenhaube den Quark mit Eiern, Stärke sowie dem restlichen Zucker vermischen und mit einem kleinen Schuss Sahne cremig rühren. Vorsichtig auf die Rhabarbermasse verteilen und im Ofen 15 Minuten garen. Mit Puderzucker bestäuben und servieren.

Tipp

Statt Rhabarber können Sie auch andere Früchte der Saison verwenden: Erdbeeren, Kirschen, Birnen oder Zwetschgen.

Apfelkuchen

im Einmachglas

Zutaten für 4 Personen

125 g weiche Butter
125 g Zucker
2 Eier
200 g Mehl
1/2 TL Backpulver
1 TL Butter
1 Apfel (z. B. Cox Orange)

Butter und Zucker mit dem Handrührgerät etwa 2 bis 3 Minuten lang schaumig rühren. Die Eier verquirlen und mit dem Mehl sowie dem Backpulver langsam unter die Butter-Zucker-Masse rühren.

▼

Den Backofen auf 160 °C vorheizen. 4 Einmachgläser (à 220 ml Inhalt) mit Butter einfetten und den Teig auf die Gläser verteilen. Den Apfel waschen, vierteln, das Kerngehäuse entfernen und je ein Apfelstück in die Mitte des Teiges drücken. Im Ofen 25 bis 30 Minuten backen. Herausnehmen und 4 bis 5 Minuten bei Zimmertemperatur abkühlen lassen.

Tipp

Verschlossen können Sie den Kuchen bis zu 10 Tage im Kühlschrank aufbewahren. Wenn Sie den Kuchen im Ofen bei 140 °C 5 Minuten wieder aufbacken, schmeckt er wie frisch gebacken.

Bienenstichkaramell
mit Rum

Zutaten für 2–4 Personen

200 g Butter
200 g Zucker
4 EL Rum
400 g Mandelblättchen

Den Backofen auf 200 °C (Umluft) vorheizen. Butter, 4 EL Wasser, Zucker, Rum und die Mandelblättchen in einem Topf aufkochen. Ein Backblech mit Backpapier auslegen und die Masse dünn darauf streichen. Im Ofen 10 Minuten backen. Etwas abkühlen lassen und den Karamell in dekorative Stückchen brechen.

Tipp

Bienenstichkaramell passt zu Kaffee und Eis und ist die perfekte Garnitur für Kuchen, z. B. Apfelkuchen.

Bonbonkaramell
mit Mandeln

Zutaten für 1–4 Personen

15 Karamellbonbons (z. B. Werther's Echte)
3 EL Mandelblättchen

Den Backofen auf 160 °C (Umluft) vorheizen. Die Bonbons aus dem Papier wickeln, ein Backblech mit Backpapier auslegen und die Bonbons darauf verteilen. Im Ofen etwa 8 bis 10 Minuten schmelzen lassen. Herausnehmen, das Backpapier mit den Bonbons auf eine Arbeitsfläche ziehen, eine zweite Backpapierschicht darüber legen und die Bonbons mit dem Nudelholz möglichst dünn ausrollen.

▼

Etwa 1 bis 2 Minuten abkühlen lassen, das obere Backpapier vorsichtig wieder abziehen, die schon erstarrte knusprige Karamellmasse mit dem Backpapier zurück auf das Blech legen. Dünn mit Mandelblättchen bestreuen und erneut im Ofen etwa 10 Minuten schmelzen lassen.

▼

Den Karamell erneut aus dem Ofen nehmen, mit Backpapier bedecken und auf der Arbeitsfläche mit dem Nudelholz ausrollen. 2 Minuten abkühlen lassen. Den Karamell in beliebig große Stücke brechen, zum Kaffee servieren oder Desserts damit garnieren. Besonders zu Fruchteis schmeckt der Bonbonkaramell sensationell gut.

Grapefruit

mit heißem Thymian-Karamell

Zutaten für 2 Personen

3 rosa Grapefruits
1 Thymianzweig
200 ml Orangensaft
4 EL brauner Zucker
2 EL Crème fraîche
1/2 Päckchen Vanillezucker

Die Grapefruits mit einem Messer so schälen, dass auch die weiße Haut mit entfernt wird. Die Filets herausschneiden, den Saft dabei auffangen. Die Filets auf Küchenpapier abtropfen lassen. Den Thymian waschen, trockenschütteln und die Blätter abzupfen. Aus dem restlichen Grapefruitfruchtfleisch den Saft auspressen und mit dem Orangensaft, dem Zucker und dem Thymian in einem Topf einkochen lassen, bis die Masse karamellisiert, d.h., dicke Blasen wirft.

▼

Die Grapefruitfilets auf eine Platte oder zwei Teller verteilen und mit dem heißen Karamell beträufeln. Die Crème fraîche mit dem Vanillezucker verrühren, falls nötig, mit wenig Milch noch etwas glatt rühren und ebenfalls über die Grapefruits träufeln.

Tipp

Die Grapefruit mit heißem Karamell ist nicht nur ein tolles Dessert, sondern auch ideal zum Frühstück oder Brunch.

Rohrnudeln

auf geschmolzenen Erdbeeren

Zutaten für 4 Personen

125 g Erdbeeren
1 EL Butter
500 g Mehl
1 Päckchen Trockenhefe
200 ml lauwarme Milch
100 g weiche Butter
2 Eier
70 g Zucker
Salz
Puderzucker

Die Erdbeeren putzen, waschen und vierteln. Eine Auflaufform mit Butter einfetten und die Erdbeeren gleichmäßig darin verteilen.

▼

Mehl, Trockenhefe, Milch, Butter, Eier, Zucker sowie 1 Prise Salz zu einem Teig verkneten. Eine Arbeitsfläche mit Mehl bestäuben und den Teig darauf mit dem Nudelholz 2 cm dick ausrollen. Mit einem runden Ausstecher (5 cm Ø) Kreise ausstechen und eng nebeneinander auf die Erdbeeren legen, sodass sie vollständig bedeckt sind. Den Teig 45 Minuten an einem leicht warmen Ort gehen lassen.

▼

Den Backofen auf 220 °C (Umluft) vorheizen. Die Rohrnudeln 15 bis 20 Minuten im Ofen backen. Mit Puderzucker bestreuen und sofort servieren.

Quarkknödel

mit marinierten Zitrusfrüchten

Zutaten für 4 Personen

80 g Quark
20 g weiche Butter
50 g Crème fraîche
10 g Puderzucker
110 g entrindetes, gemahlenes Weißbrot
Salz
1 TL Grieß
abgeriebene Schale von 1 unbehandelten Zitrone
60 g Mehl
1 Eiweiß
Pfeffer aus der Mühle
3 EL Zucker
2 Orangen
1 rosa Grapefruit
1 gelbe Grapefruit

Für die Quarkknödel Quark, Butter, Crème fraîche, Puderzucker, Weißbrotbrösel, 1 Prise Salz, Grieß, Zitronenschale, Mehl, Eiweiß sowie 2 Prisen frisch gemahlener schwarzer Pfeffer mit dem Handrührgerät gut verrühren. 45 Minuten zugedeckt im Kühlschrank quellen lassen.

▼

Mit einem nassen Esslöffel Nocken abstechen und mit angefeuchteten Händen zu Knödeln formen. Reichlich Wasser mit 1 EL Zucker aufkochen und die Knödel hineingeben. Den Topf vom Herd ziehen und die Knödel etwa 6 bis 8 Minuten je nach Größe ziehen lassen.

Die Orangen und die Grapefruits mit einem Messer so schälen, dass die weiße Haut mit entfernt wird. Die Filets herausschneiden und aus dem restlichen Fruchtfleisch den Saft auspressen. Den Saft mit dem restlichen Zucker in einem Topf einkochen, bis er Blasen wirft. Die Zitrusfruchtfilets dazugeben, einmal durchschwenken und sofort anrichten. Die Knödel darauf setzen.

▸▸ Tipp

Die Quarkknödel sollen eine lockere Konsistenz haben. Deshalb dürfen sie nicht länger ziehen als angegeben. Am besten am Anfang des Garprozesses eine Probe machen. Einen Knödel ziehen lassen. Ist er zu weich, noch etwas Grieß bzw. Mehl zum Teig geben. Ist er zu fest, noch etwas Quark unterrühren.

Süße Polenta

mit Apfelchips

Zutaten für 2–4 Personen

1 Apfel (z. B. Cox Orange)
2 EL Puderzucker
1 Vanilleschote
100 ml Milch
100 g Sahne
1 $^{1}/_{2}$ EL Zucker
2–3 EL Polenta (Instant)
1 Msp. Zimtpulver
1 EL Crème fraîche

Den Backofen auf 80 °C (Umluft) vorheizen. Den Apfel gut waschen und im Ganzen mit der Aufschnittmaschine in 1 bis 2 mm dünne Scheiben schneiden. Die Scheiben mit einer Seite in Puderzucker drücken.

▼

Ein Backblech mit Backpapier auslegen und die Apfelscheiben mit der gezuckerten Seite nach oben darauf legen. Im Ofen 4 Stunden lang trocknen. Falls nötig, nach 3 Stunden einmal wenden.

▼

Für die Polenta die Vanilleschote aufschneiden und das Mark herauskratzen. Milch, Sahne, Vanillemark und -schote sowie den Zucker aufkochen. Die Polenta dazugeben, gut umrühren und 5 bis 7 Minuten bei kleiner Hitze zugedeckt quellen lassen.

Die Vanilleschote entfernen, das Zimtpulver hinzufügen sowie die Crème fraîche unterrühren. Mit zwei Löffeln, die in heißes Wasser getaucht wurden, große Nocken abstechen, auf Teller verteilen und die Apfelchips dekorativ hineinstecken. Sofort servieren.

▸▸ Tipp

Beim Einkauf darauf achten, dass man eine schnell kochende Polentasorte wählt. Es gibt auch Polentasorten, die bis zu 20 Minuten quellen müssen.

Tassenkuchen

mit Schokolade

Zutaten für 2–4 Personen

110 g weiche Butter
110 g Puderzucker
3 Eier
110 g Mehl
1 EL Kakaopulver
1/2 TL Backpulver
60 g Schokoladensplitter
1 TL Butter
1 EL Zucker

Die Butter und den Puderzucker mit dem Handrührgerät schaumig schlagen. Die Eier verquirlen und langsam unter die schaumige Butter-Zucker-Masse rühren. Mehl, Kakaopulver, Backpulver sowie Schokoladensplitter und 2 EL Wasser vorsichtig darunter mischen.

▼

Den Backofen auf 160 °C (Umluft) vorheizen. 2 bis 4 Tassen mit Butter einfetten und mit Zucker dünn ausstreuen. Die Schokoladenkuchenmasse darin verteilen und im Ofen je nach Größe und Menge zwischen 25 bis 45 Minuten backen. Noch 5 Minuten bei Zimmertemperatur abkühlen lassen und sofort servieren.

⏩ Tipp

Den Tassenkuchen am besten lauwarm mit angeschlagener Sahne genießen.

Ricottanocken

mit Bananen und Zitronensirup

Zutaten für 2 Personen

1/2 reife Banane
100 g Ricotta
100 g Semmelbrösel
2 Eigelb
1 EL Zucker
Vanillezucker
1 TL Butterschmalz
2 Stiele Minze
2 unbehandelte Zitronen
3 EL brauner Zucker

Die Banane mit einer Gabel gut zerdrücken. Mit Ricotta, Semmelbröseln, Eigelben, Zucker und 1 Prise Vanillezucker vermischen und 15 Minuten quellen lassen. Mit einem Esslöffel, der in heißes Wasser getaucht wurde, Nocken abstechen und in einer beschichteten Pfanne in Butterschmalz bei mittlerer Hitze langsam 2 bis 3 Minuten anbraten.

▼

Den Backofen auf 150 °C (Umluft) vorheizen. Die Minze waschen, trockenschütteln, in die Pfanne geben und die Nocken im Backofen 8 Minuten fertig backen.

▼

Die Zitronen waschen und trockenreiben. Die Schalen abreiben und den Saft auspressen. Den Saft und die Schale mit dem Zucker in einem Topf sirupartig einköcheln lassen. Die Ricottanocken mit der gebratenen Seite nach oben auf Tellern anrichten und mit dem Zitronensirup beträufeln. Für die Deko nach Belieben einige Bananenscheiben in Zucker wälzen und in etwas Butter anbraten.

Gegrillte Ananas

auf gefrorenem Vanillesabayon

Zutaten für 2–4 Personen

1 Vanilleschote
120 ml Orangensaft
3 EL Weißwein
60 g Zucker
3 Eigelb
1 Eiweiß
1 TL Zucker
1/2 Flugananas
1 TL Butter
1 TL Puderzucker

Die Vanilleschote der Länge nach aufschneiden und das Mark herauskratzen. Das Vanillemark mit Orangensaft, Weißwein, Zucker und den Eigelben im heißen Wasserbad dickschaumig schlagen. Anschließend die Schüssel sofort in kaltes Wasser stellen und die Sabayonmasse kalt schlagen.

▼

Das Eiweiß und den Zucker mit dem Handrührgerät schaumig schlagen. Das Eiweiß vorsichtig unter das Vanillesabayon heben und in 2 bis 4 tiefe Teller oder Schüsselchen füllen. Sofort ins Tiefkühlfach stellen und mindestens 2 Stunden gefrieren lassen.

▼

Die Ananas großzügig schälen, in gut 1 cm dicke Scheiben schneiden und mit einem runden Ausstecher oder einem spitzen kleinen Messer den Strunk entfernen. Die Ananasscheiben trockentupfen und von einer Seite in einer Grillpfanne 2 bis 3 Minuten grillen, sodass ein Grillmuster auf der Ananas entsteht.

Die Butter in einer Pfanne aufschäumen und den Puderzucker dazugeben. Die Ananasscheiben darin mit dem Grillmuster nach oben kurz glasieren.

▼

Auf einen Teller geben und auf Zimmertemperatur abkühlen lassen. Das gefrorene Vanillesabayon auf Teller verteilen und die Ananas darauf legen. Sofort servieren.

Tipp

Statt Ananas kann man auch Erdbeeren, die mit Limettensaft mariniert sind, oder Kirschen verwenden. Probieren Sie das Rezept einfach mit der Sorte Obst aus, das Sie gerne essen.

Obstsalat
in Champagnergelee

Zutaten für 2 Personen

125 g frische Himbeeren (ersatzweise tiefgekühlt)
200 ml Weißwein
1 EL Zucker
5 Blatt Gelatine
1 Orange
1 rosa Grapefruit
200 ml Champagner rosè (ersatzweise Winzersekt rosè oder Prosecco)

Die Himbeeren waschen und abtropfen lassen. Den Weißwein mit dem Zucker aufkochen. 200 ml Wasser sowie die Hälfte der Himbeeren dazugeben und etwa 2 bis 3 Minuten köcheln lassen. Anschließend 6 Minuten ziehen lassen.

▼

Die Gelatine in kaltem Wasser einweichen. Den Himbeer-Weißwein-Sud durch ein Sieb gießen und die Himbeeren dabei ausdrücken. Die Gelatine ausdrücken, in den noch heißen Sud geben und auflösen. Bei Zimmertemperatur auskühlen lassen und etwa 1 Stunde im Kühlschrank gelieren lassen.

▼

Die Orange und die Grapefruit mit einem Messer schälen, sodass die weiße Haut mit entfernt wird. Die Filets herausschneiden. Orangen-, Grapefruitfilets und Himbeeren dekorativ in zwei Gläser schichten.

▼

Den gelierten Weißwein-Himbeer-Sud im Wasserbad mit dem Schneebesen leicht flüssig rühren. Den Champagner langsam hineinlaufen lassen und vorsichtig mit dem Schneebesen verrühren. Das flüssige Champagnergelee mit einem Löffel über den Obstsalat verteilen und im Kühlschrank 1 Stunde fest werden lassen.

Tipp

Wichtig: Wenn Sie tiefgekühlte Himbeeren verwenden, die Himbeeren nicht auftauen, sondern gefroren mit den Orangen- und Grapefruitfilets anrichten und das Gelee über die gefrorenen Himbeeren geben. So tauen die Himbeeren im Gelee auf. Das hat den Vorteil, dass sie nicht matschig werden und zusammenfallen, sondern ihre Form erhalten bleibt. Zum Garnieren kann man noch frische Zitronenmelisse verwenden.

Mokkamuffins

mit karamellisierten Macadamianüssen

Zutaten für 4 Stück

100 g Zucker
100 g ungesalzene Macadamianüsse
125 g weiche Butter
70 g Puderzucker
2 Eier
2 Eigelb
135 g Mehl
1 TL Backpulver
Salz
3 EL Orangensaft
3 TL Mokka- bzw. Espressopulver

Die Hälfte des Zuckers in einem Töpfchen braun karamellisieren lassen. Die Macadamianüsse dazugeben und mit einem Holzlöffel verrühren. Ein Backblech mit Backpapier auslegen und die Nüsse darauf geben. Vorsicht, sie sind sehr heiß! Rasch mit dem Holzlöffel glatt drücken, 15 Minuten auskühlen lassen und mit einem großen Messer auf einem Brett in grobe Krokantstücke hacken.

▼

Die weiche Butter und den Puderzucker mit dem Handrührgerät schaumig schlagen. Eier, Eigelbe sowie den restlichen Zucker ebenfalls mit dem Handrührgerät schaumig schlagen.

▼

Die schaumige Eiermasse vorsichtig unter die Buttermasse heben. Mehl, Backpulver und 1 Prise Salz mit unterheben.

Den Orangensaft erwärmen, das Espresso- bzw. Mokkapulver darin auflösen, kurz abkühlen lassen und zusammen mit dem Macadamiakrokant unter die Teigmasse heben.

▼

Den Backofen auf 160 °C (Umluft) vorheizen. Ein Muffinblech mit 4 Vertiefungen mit Papierförmchen auslegen. Den Teig in einen Spritzbeutel mit Lochtülle füllen und in die Vertiefungen spritzen. Die Muffins im Backofen 20 bis 22 Minuten backen. Aus dem Ofen nehmen und 20 Minuten abkühlen lassen. Die Muffins aus der Form nehmen und servieren.

Tipp

Achtung: Bevor die Eier, Eigelbe und der Zucker verrührt werden, sollten die Quirle des Handrührgeräts gründlich gesäubert werden. Sie müssen fettfrei und trocken sein.

Geeister Kirsch-Cappuccino

mit Kardamom

Zutaten für 2–4 Personen

100 ml Apfelsaft
75 g Zucker
5 Kardamomkapseln
3 Eigelb
1 EL Crème fraîche
1 Eiweiß
150 g Kirschen (aus dem Glas)
1/2 Vanilleschote
200 ml Milch
Kakaopulver

Den Apfelsaft mit 60 g Zucker aufkochen. Die Kardamomkapseln andrücken und dazugeben. Vom Herd nehmen und zugedeckt 10 Minuten ziehen lassen. Den Apfelsaft durch ein feines Sieb gießen und kurz abkühlen lassen.

▼

Den Apfelsaft mit den Eigelben im warmen Wasserbad schaumig aufschlagen. Die Crème fraîche dazugeben, vorsichtig unterrühren und im kalten Wasserbad kurz aufschlagen.

▼

Das Eiweiß mit 1 TL Zucker mit dem Handrührgerät steif schlagen und vorsichtig unter die Kardamommasse heben. Die Masse in 2 bis 4 dekorative Gläser oder Tassen füllen und mindestens 2 Stunden ins Tiefkühlfach stellen.

▼

Die Kirschen in ein Sieb geben und abtropfen lassen. Den Kirschsaft dabei auffangen. Die Vanilleschote der Länge nach aufschneiden und das Mark herauskratzen. Das Mark mit 1 TL Zucker und 3 EL Kirschsaft aufkochen, die Kirschen dazugeben und einkochen lassen, bis eine Glasur um die Kirschen entsteht.

▼

Die Milch mit dem restlichen Zucker erwärmen und mit dem Pürierstab schaumig aufmixen. Die warmen Kirschen auf die geeiste Kardamommasse geben, mit dem Milchschaum garnieren. Mit 1 Prise Kakaopulver bestreuen und sofort servieren.

▸▸ Tipp

Kirschen lassen sich prima mit verschiedenen Gewürznoten kombinieren. Neben Kardamom passen ausgezeichnet Mandeln, weiße oder braune Schokolade sowie Mohn als Aromaträger dazu.

Das kleine Wein-Latein

Eva Herrmann hat im familieneigenen »Posthotel« in Wirsberg nicht nur die Restaurantleitung übernommen, sondern ist als Sommelière auch für den Wein zuständig. Sie berät die Gäste bei der Auswahl. Hier beantwortet sie einige der am häufigsten gestellten Fragen zum Thema Wein.

Wie finde ich meinen eigenen Weingeschmack?

Machen Sie eine Weinprobe zu Hause. Testen Sie vier verschiedene Weißweine, je einen in den Kategorien trocken, halbtrocken, lieblich und süß. Je »süßer« der eigene Weingeschmack, desto fruchtiger muss auch ein trockener Wein sein, damit er Ihnen schmeckt. Als Weißwein ist in diesem Fall ein Chardonnay und als Rotwein ein Lemberger zu empfehlen. Mögen Sie eher trockene Weine, sollte der Wein nicht nur Frucht, sondern auch Würze als Aroma bieten. Dann würde ich zu einem weißen Silvaner oder Roussanne und einem roten Cabernet Sauvignon oder Syrah raten.

Worauf sollte ich beim Weinkauf achten?

Guter Wein ist nicht immer und überall zu haben. Da vor allem im günstigen Preissegment, also bei den Weinen für »jeden Tag«, viele Weine angeboten werden, ist es schwierig, die richtige Wahl zu treffen. Deshalb sollten Sie sich vielleicht an den Profis orientieren. Diese kaufen keinen Wein, ohne ihn vorher probiert zu haben. Lassen Sie sich von Ihrem Weinhändler beraten – er kennt sein Sortiment und kann Ihnen Empfehlungen geben. Hilfreich sind auch so genannte Expertisen, bei denen ein Wein von einem Profi vorverkostet und beschrieben wurde. Solche gibt es jetzt auch immer öfter im Lebensmitteleinzelhandel.

Kann ich als Laie die Qualität eines hochwertigen Weins erkennen?

Den Satz: »Ich kaufe mir keine teuren Weine, weil ich von Wein ohnehin nicht viel verstehe«, höre ich des öfteren von Gästen. Für die wirklich »großen« Weine braucht man tatsächlich einige Erfahrung im Umgang mit Wein oder jemanden, der ihn erklärt. Um allerdings qualitativ hochwertige Weine zu verstehen, ist die einzige Voraussetzung ein guter Geschmack. Den schulen Sie selbst am besten, indem Sie gute – und vor allem fehlerfreie – Weine trinken.

Welchen Wein biete ich bei einer Feier an?

Zunächst natürlich einen Wein, der sich mit dem Essen »verträgt«. Jedoch sollten Sie auf jeden Fall den Wein der Feier und den Gästen anpassen. Für eine ausgelassene Geburtstagsparty kommen vor allem junge, frische Weine in Frage. Für eine kulinarische Weinprobe wählen Sie am besten interessante Weine, die interpretiert werden sollen oder müssen. Das können Weine sein aus

Rebsorten, die nicht so bekannt sind, oder Weine, die mit Kellertechniken hergestellt wurden, die den Wein besonders nachhaltig beeinflussen. Wenn Sie eine Firmenfeier oder ein Großereignis organisieren, sind Weine mit allgemeiner »Schmeckgarantie« das Optimum. Das heißt, der Weißwein sollte nicht zu trocken und vor allem sehr fruchtig sein. Beim Rotwein sollten Sie ebenfalls einen trockenen aus fruchtigen Rebsorten wählen, der wenig Tannin enthält. Ich achte auch auf den Alkoholgehalt. Da bei Feiern gern etwas mehr getrunken wird, sind Weißweine über 11,5 Vol.% und Rotweine über 13 Vol.% für mich tabu.

Hat die Wahl der Gläser Einfluss auf den Geschmack des Weins?

Sie sind meiner Meinung nach ein ganz entscheidender Faktor für den Weingenuss. Beim Kauf von Weingläsern sollten Sie auf folgende Punkte achten:

Die Qualität: Das Glas sollte möglichst dünn sein. Bei mundgeblasenen Gläsern ist das ohnehin der Fall, jedoch gibt es auch hervorragende maschinell hergestellte Gläser in Top-Qualität.

Die Form: Nicht jede Form ist dem Weingeschmack zuträglich. Ein Weinglas sollte eine klassische Kelchform haben, damit der Wein »geschlossen« auf der Zunge ankommt und die Aromen elegant bleiben. Ganz wichtig ist für mich, dass das Weinglas am Rand nicht geschnitten, sondern gezogen ist. Geschnittene Gläser werden beim Trinken als unangenehm empfunden, da sie einen wulstigen Rand haben. Die Öffnung des Glases sollte außerdem groß genug sein, sodass auch die Nase noch Platz im Glas hat, um die ganze Vielfalt der Aromen aufzunehmen.

Die Farbe: Ein Weinglas sollte farblos sein. Jeder Wein, ob weiß oder rot, reflektiert in seiner eigenen Farbe und kommt in solchen Gläsern am besten zur Geltung.

Welcher Wein ist lagerfähig?

Welchen Wein man lagern kann und welchen nicht, hängt vor allem vom Winzer ab. Für einen lagerfähigen Wein muss bereits im Januar der entsprechende Rückschnitt der Rebstöcke erfolgen, damit im Herbst die passenden Extraktwerte in der Traube erzielt werden. Entscheidend ist die Lage und vor allem das Jahresklima. Es gibt Trauben, die sich besser zur Lagerung eignen als andere. Dazu gehören Cabernet Sauvignon, Merlot, Syrah und Mourvèdre. Neben der Lagerfähigkeit garantiert aber nur die richtige Lagerung einen guten Tropfen. Wein mag es feucht, kühl und dunkel.

Wie lange hält sich eine geöffnete Flasche?

Die meisten kennen das Problem: Wer gern nur ein Gläschen Wein trinken möchte, muss dafür eine Flasche öffnen. Um auch am nächsten Tag noch Freude am Wein zu haben, kann die Flasche mit Pumpverschlüssen oder mit einem speziellen Gas vakuumiert werden. Beides gibt es im Fachhandel zu kaufen. Außerdem sollte die geöffnete Flasche, ob Rotwein oder Weißwein, im Kühlschrank aufbewahrt werden.

Rezeptregister

Bildnachweis

Florian Bolk: S. 20–21, 34–35, 52–53, 68–69, 94–95, 114–115
Dr. Kai-Uwe Nielsen: Umschlag vorne und hinten (Porträt), S. 6, 8–9, 134, 135